崖っぷちの老舗バレエ団に密着取材したらヤバかった

渡邊永人

新潮社

はじめに

２５００万回。

これはとある日本のプロバレエ団の、１年間のYouTube総再生回数だ。

バレエについて何の知識もなかった僕が、１年間密着し続け、そのあまりにも生々しく残酷なバレエの世界を、一切忖度のないかたちでYouTube動画として公開してきた。


「こんな世界だとは知らなかった」

「バレエに対する見方が１８０度変わった」

「バレエにはまったく興味がなかったけど、次の舞台を観に行こうと思った」


これは動画を見た人たちのコメントの一部。

驚くことに、バレエのチャンネルでありながら、視聴者は撮影者の僕と同じように、〝バレエをまったく知らない人〟が大半を占める。

なぜそんなことが起きたのか？

それはあまりにもリアルで生々しすぎる動画の内容のせいだろう。バレリーナたちが住む〝部屋の家賃〟から、バレエ団の〝経営の裏側〟まで。普通なら絶対にYouTubeで公にできないような内部情報の数々を動画で公開した。

「こんな内容を見たらバレエを楽しめなくなる」

バレエ通の人たちから批判の声が上がることも多々あった。

それでも公開することをやめなかった。

正確には何度もためらい、やめようと思ったが、その度になんとか踏みとどまった。

僕も。バレエ団も。

そうやって答えのない暗闇を走り続けた結果、売るのに苦戦していたバレエ公演チケットは売り切れた。バレエを人生で一度も見たことがない人たちが、1万円を超える決して安くはないチケットを買い求め、会場に足を運ぶきっかけとなった。

この本は、本来変わることが難しいとされる「伝統芸術」の世界で、YouTubeという現代的な手段を用いて、時代の流れになんとか食らいつこうとする激闘の記録だ。

YouTubeで公開してきた内容をもとに、動画内では語ることのなかった裏側まで。バレエ素人の僕（密着ディレクター）が見たすべてをここに記そうと思う。

※登場人物の年齢等は2023年の取材当時のものです。

目次

崖っぷちの老舗バレエ団に密着取材したらヤバかった

ダウンタウンに憧れ、お笑い芸人を夢見た10代

僕が勤める会社は、大阪のキャバクラ嬢に密着するYouTubeチャンネル『進撃のノア（登録者80万人）』や、ホスト界の帝王・ローランドを通して歌舞伎町ホストの世界などを描く『THE ROLAND SHOW（登録者145万人）』などの動画を制作している。

コロナ真っ只中の2021年にテレビ朝日映像というテレビ朝日の完全子会社から独立したテレビプロデューサーが立ち上げた〝これから〟の会社だ。

動画のプラットフォームが、テレビからネット（主にYouTubeやTikTok）へと移り変わるこの時代。その時代の流れを摑み取った元テレビディレクター（動画を作る専門職）たちで構成されており、30代前後の業界的には若い部類に入るディレクター10人弱が在籍している。

僕がこの会社にたどり着くまでの紆余曲折を少し。

中学生の時にダウンタウンのコント番組『ごっつええ感じ』を観て芸人になりたいと思った僕は、高校卒業後、宅配寿司のバイトで貯めた授業料40万円を手に、吉本興業が運営

する芸人養成所通称ＮＳＣに入学した。

同期には女性芸人No.1を決めるTHE Wで優勝した3時のヒロインのボケ担当・かなでや、同じく人気女性芸人・ぼる塾のあんりなどがいた。

同期というと聞こえは良いが、実際には天地ほどの差があった。入学間もなくＮＳＣではネタ見せがあり、素人に毛が生えたような若者たちが、見よう見まねで漫才やコントを披露。そしてその内容の良し悪しを、放送作家と言われる講師陣が採点し、Ａ／Ｂ／Ｃの順にクラス分けしていく。かなでやぼる塾のあんりはトップのＡクラス。一方僕はＣクラス。

いつも一緒にいて僕の「キャラ」を理解してくれている同級生たちの前では、まるで今をときめく人気芸人かのように笑いを取れていた。でも、実際には井の中の蛙だった。悲しいけれど、芸事の世界ではよくある話だ。

「すぐ売れるから俺に任せてついて来い」などと無責任な言葉で中学からの同級生を誘って入学したものの、同期たちが体育座りでお客さん代わりとなるたった2分間のネタ見せでは一度も笑いが起こることなく、時間が過ぎ去った。ちなみにＮＳＣのネタ見せは9割がそんな感じだ。

入学から2ヶ月後の6月には、痺れを切らした同級生が「大学に入り直して普通に就職する」と言って僕の元を去っていった。

「入学と同時にその才能を認められ、1年目からテレビで引っ張りだこ！」などと超絶甘い幻想を抱いていた19歳の僕は、あまりにもかけ離れた現実——今思えば当たり前なのだが——にポッキリと心が折れてしまった。

40万円の授業料をドブに捨てるかの如く、徐々に授業に通わなくなり、1年が経つ頃には、完全に芸人への道を諦めていた。実際のところ、NSCに入学してくる大半の生徒が僕みたいなタイプだ。

同級生が去った後は、関西から上京してきた5歳年上の24歳とコンビを組んで、残りの芸人養成所生活を過ごしたが、これと言った結果を出すことなく、僕の芸人人生は始まることさえなく終わっていった。

中学の頃から信じて疑わなかった将来のビジョンが白紙になった19歳の春。

芸人として売れることを確信していた僕は、女手ひとつで育ててくれた母の元を離れ、神奈川の実家を出て東京で一人暮らしを始めていた。高校時代のバイトで貯めた貯金もとっくのとうに底をつき、光通信の営業テレアポで食い繋ぎながら、物心ついて初めて「将来の夢がない」という、向かうべき先が見えない暗闇を歩いていた。

そんなうだつの上がらない生活から抜け出すきっかけをくれたのがテレビだった。

元々は自らが芸人となり、ゆくゆくはその華やかな表舞台に立つことを疑っていなかったはずなのに、その夢はあっけなく散った。だから最初はテレビを見るのが辛かった。しかし、久しぶりに見たテレビに映る芸人はやっぱりキラキラと輝いて見えた。

真っ暗なトンネルの先に一片の光を見たような気持ちになった。

「たとえ自分が表に立てなくても、何か携わる方法があるかもしれない」

そう考えた僕はネットで「テレビ　仕事」と検索した。そこで見つけたのがＡＤの仕事だった。

超ブラック
地獄のテレビAD生活

1年間のフリーター生活を経て、テレビの制作会社に20歳で入社した。

ADというのはアシスタントディレクターの略で、仕事内容は主にテレビを作るための雑務全般だ。

例えばグルメ番組の場合、その番組の趣旨にあった店を調べ、資料にまとめ、ディレクターに報告。店が決まれば実際に電話をかけ、撮影許可を取る。撮影日が決まったら、スケジュールを組んだり、事前に必要な道具の準備、当日のロケバスの手配などを行う。ロケが終わったあとは編集作業。ディレクターがロケで撮影したものを会社で編集している最中はもちろんADもそれに付き合わなければいけない。

一番辛いのは、ディレクターが揃いも揃って全員夜型だということ。

僕らADは昼間にリサーチや撮影先への許可取りの電話などを行う。それと同じタイミングで編集作業をやってくれれば良いのだが、ディレクターたちは夕方くらいに出社し、夜から朝にかけて編集作業を行う。その結果、ADは帰るタイミングがなく、24時間営業を余儀なくされるのだ。

今は社会全体の働き方改革の波に押されテレビ業界も少しはましになっているかもしれないが、僕の時代はギリギリその手前。番組の放送日が近づけば、会社に1週間泊まり込むこともあった。テレビの画面上で見る華やかな世界とはまったく異なる過酷な泥臭い作業が山のようにある。理想と現実は違う。どの仕事、どの業界にもよくある話だ。

想像していたものとは大きく違う部分がもう一つあった。

「芸人と一緒に仕事がしたい」とテレビ制作会社の門を叩いたのだが、僕が入った会社は、職人たちの技術を競い合うテレビ東京の人気番組『TVチャンピオン』や、大家族のドキュメンタリー番組『痛快！ビッグダディ』など、いわゆる「一般人」を撮影対象とした番組を多く手掛ける会社だったのだ。

とはいえ、地獄のようなAD仕事から早く抜け出したいという一心で働いた僕は、二言目には「早くディレクターに上がりたい」と口癖のように上司たちに嘆いていた。その言霊が届いたのか、業界的には少し早く、入社3年目の22歳でアシスタントからディレクターに上がることができた。そして会社のスタイルに抗うことなく、一般人を撮影対象としたドキュメンタリー色の強いVTRを作り続けた。

不思議なもので、入社当時は、芸人と仕事をしたくてこの世界に入った僕だったが、気づくと「一般人を撮ること」の魅力に取り憑かれていた。そうなったのには、ある先輩ディレクターに言われた言葉が大きく影響している。

「芸人と面白いものを作っても、それは芸人の力だ。でも一般の人（業界用語でいうと「素人」）を撮影して面白いVTRを作れるかどうかは、ディレクターの腕にかかっている」

確かにその通りだと思った。自分の力で面白いものを作っている感覚。いつしかそれが一番のやりがいになっていた。

それから僕は「ペットと飼い主の別れ」「会社の社長を追いかける奮闘劇」「海外で活躍する日本人の密着」など、いわゆるドキュメンタリーと言われるジャンルのVTRばかりを制作した。

芸人やタレントに頼ることのないVTR作りを続けてきた結果、他のディレクターに比べて動画作りの筋力がついていった。

そして26歳になった頃には、個人で仕事がもらえるようになり、会社を辞めてフリーランスのディレクターとして独立した。

テレビディレクターで年収1000万円

フリーランスのテレビディレクターは、番組にもよるが、僕の場合だいたい一つの動画を制作すると30〜50万円がもらえた。なので三つくらいレギュラー番組を持つと、月収が100万円を超える。もちろん三番組もやると休みはないのだが、会社員時代の手取りが30万円弱だった僕からすると、休みがないことが気にならないくらい、収入が上がることに喜びを覚えた。そんな生活を1年間続けた。

ドキュメンタリー形式のテレビ番組というのは、テレビ局が考えた番組のフォーマットに沿って、下請けの制作会社やフリーランスのディレクターたちが撮影し編集するという仕組みだ。

番組にもよるが、基本的にはテレビ局の社員が「総合演出」という立場になる。映画における監督のように最終決定権を持つ。この人が「面白い」と言えば面白いVTRということだし、「つまらない」と言えばつまらないVTRということになる。

たとえ他の100人の人間がつまらないと思うものであっても、この総合演出にとって面白いものを表現できればいい。極端に言えば、〃総合演出を満足させる〃のが僕らの仕事だ。

そんな仕組みの番組作りを繰り返す度に、いつしか僕は大きな疑問を感じるようになっていた。

「一体誰のために作っているのだろう?」

この仕事を始めた頃はADからディレクターに上がるために必死だった。ディレクターに上がると、総合演出に「面白い」と言ってもらえるのが嬉しかった。フリーになってからは、お金を稼げるのが嬉しかった。そうして1年が経ち、金銭の欲求も満たされた時、今まで感じることのなかった違和感が僕の中に生まれた。

当時担当していた番組は、「田舎にディレクターが自ら出向いて、そこで偶然出会う人たちと交流を深め、現地の人たちの暮らしや人となりを深掘りする」というものだった。田舎ということもあり、その土地で暮らすお年寄りの方々と触れ合う機会が多かったのだが、突然大きなカメラと共に現れた僕らに対しても、手厚いおもてなしをしてくれた。東京にいると感じることができない「人の優しさ」や「思いやり」に触れられた瞬間だった。

撮影が終わると、「良いVTRが作れそうです」という言葉と感謝の気持ちを伝え、東京に戻る。

しかし、ひとたび撮影した映像を編集するタイミングとなると、その人たちの顔は一切思い浮かばず、脳内から消える。「総合演出を満足させなければ」その一心で編集を繰り返すからだ。取材させてもらった人がこれを見てどう感じるのか、どんな影響を与えることになるのか、ということは考えない。考える余裕がなかった。

「事実」より「面白い」を優先した編集をすることも多々あった。今考えると異常にも思えるが、それがテレビの世界では当たり前だったから、特に罪悪感もなかった。

そんなある時、以前取材した、山奥で一人暮らしをする90歳のおばあちゃんから地元で取れたたくさんの野菜と、手紙が届いた。

手紙の内容はざっくりいうと「テレビの放送がきっかけで、家族や友人が電話をくれたり、会いに来てくれたりして感激した」というものだった。僕は、率直に嬉しかった。この仕事を始めてから、こんな気持ちになったのは初めてだった。

一体誰のためにVTRを作っているのか。その「誰か」がわかった気がした。

そして27歳の時、今の会社に入社して、動画作りの土俵をテレビからネット（YouTube）へと移した。

テレビよりも、YouTubeの方が取材対象者と深く長期的に関わる動画作りが出来る気がしたからだ。

人生初のYouTube

今いる会社に入って最初に担当したのは、YouTube登録者数86万人の女性インフルエンサーのチャンネルのリニューアルだった。

僕らの会社はYouTubeでは比較的珍しい、ドキュメンタリー形式で動画を制作している。

通常、YouTubeでは出演者が主体となり、やりたいことなどを決めて撮影、編集を行うスタイルが一般的だ。要するに、自分たちが見せたい自分たちの姿を見せる。

一方で、ドキュメンタリーという手法では、僕ら撮影者は客観の立場として存在し、忖度せずに被写体のありのままの姿を撮影する。時には出演者にとってマイナスに見えるような、失敗する姿なども撮影し、配信することで視聴者はリアリティを感じる。

綺麗な謳い文句が並べられたプロモーション動画が人の心を動かす時代から、忖度のない〝リアル〟なものに人が集まる時代へと移行しつつある昨今。ドキュメンタリーという手法は時代の流れにとてもマッチしていると思う。

それを証明するように、僕らの元にはあらゆる企業や有名人から動画制作やチャンネルリニューアルのオファーが届いた。

その中の一つが、このチャンネルリニューアルだった。

その内容はとても衝撃的なものだった。

「夜のお店をオープンしようと思うので、その過程をドキュメンタリーとして描いてほしい」という依頼だ。

彼女は、男性をターゲットに、ちょっと色っぽいコンテンツを販売するビジネスをしている。

少し過激な内容なので、詳細は省くが、当時は年商5億円ほどを稼いでいた。

そんな彼女が新たに始めようとしていたビジネスが夜のお店の経営だった。お店のオープンの様子をドキュメンタリーとしてYouTubeで発信することで集客に繋げようという考えで、僕らの会社に依頼をしてきたのだ。


密着を始めて1本目の動画をアップすると、その衝撃的な内容から1ヶ月足らずで100万回再生を記録した。

テレビと一番大きく違ったのはやはり取材相手との密度だった。一度撮ったら、再び会うことが少ないテレビ時代と比べて、YouTubeは撮影と動画の公開を繰り返しながら、コミュニケーションを取り続ける。動画をアップし反響があれば、それがそのまま、撮影対象者の人生を豊かにする。その体験が僕には新鮮だったし、何より自分の作った動画が誰かの人生に影響を与えているという感覚が幸せだった。

しかし、終わりは突如として訪れた。

あまりに過激な動画の内容から、チャンネルがBANされたのだ。BANとは、YouTubeに適したコンテンツではないとみなされ、チャンネル自体が消されてしまうということだ。初めて撮影した時から数えて約4ヶ月後のことだった。

僕のYouTubeでの初挑戦は、あっけなく幕を閉じた。そんな風変わりな挫折体験と時を同じくして、とある新たなオファーが会社に届いた。

バレリーナを撮ってください！

2023年2月。

「はじめまして」

新宿三丁目にある僕が勤める会社に現れたのは、30代くらいのスーツ姿の女性。企業の広報担当のような、仕事ができる雰囲気を纏っていた。手に持っていたパンフレットのような冊子には「谷桃子バレエ団」という文字と舞台上で踊るバレリーナのきれいな写真がプリントされていた。聞けば創設から74年、東京を拠点に活動する老舗のプロバレエ団らしい。彼女はこのバレエ団の運営担当だそうだ。

「バレリーナの密着ドキュメンタリーをYouTubeで公開したいんです」

会議室の席に座るなり、目をキラキラと輝かせながら彼女は言った。どうやら、僕が勤める会社が制作しているキャバ嬢密着YouTubeチャンネル『進撃のノア』の視聴者らしい。『進撃のノア』チャンネルでは、通常のプロモーション動画のようにキャバ嬢のキラキラした姿だけを映し出すのではなく、リアルで生々しい裏側をドキュメンタリー方式で撮影し、配信している。それと同じ手法でバレリーナを撮れば「バレエを知らない人へのアピールと集客に繋がる」と考えたのだという。

あまりにも斬新すぎる考えに少し動揺したが、その真剣な目つきから、冗談を言っているようには見えなかった。

とはいえ、バレエの密着となると一般的に考えて「なかなか難しい」というのが正直な感想だった。

そもそもキャバクラは、夜の街のアンダーグラウンドなイメージから、その世界を覗いてみたい、と興味を持つ人が一定数いるジャンルだ。泣く泣く終わってしまった女性インフルエンサーの夜のお店オープンの密着も同様に、色々な興味から裏側を覗いてみたいと思う人は多いだろう。

一方、バレエと縁のなかった一般的な28歳男性の意見として、バレエの世界を深掘りした動画を見てみたいかといえば首を傾げたくなる。

ちなみに当時の僕は、バレエの公演はおろか、生で踊っているバレリーナを見たことすらなかった。なんとなく「ダイエットが大変なんだろうな」とか、「女性のドロドロした争いがありそうだな」とか、世間一般で言っても平均かそれ以下のレベルのイメージしか持ち合わせていなかった。

当然、谷桃子バレエ団がどういう団体で、どれぐらい有名で、どんな人たちがいるのか、知る由もなかった。

しかし、バレエ団からの撮影依頼のメールを初めて見た時、直感的に面白くなる可能性を感じてもいた。

今まで僕がバレエに関わるものに触れた経験と言えば、中学生の時に見た『ブラック・スワン』というナタリー・ポートマンが主演の映画と、フジテレビでやっていた恋愛リアリティショーで、バレリーナの女の子が出演していた『テラスハウス』ぐらいだったが、どちらの作品でも、バレエはものすごく過酷そうな世界として描かれていた。

さらに当時の僕は、スポーツ選手のドキュメンタリーをいつか撮りたいと思っていた。理由は、プロ野球選手にフォーカスを当てた『プロ野球戦力外通告』というドキュメンタリーが大好きだったから。プロを継続するか、引退するかの瀬戸際に立つ選手が思い悩む姿は生々しく、その行く末を見届けるのはこの番組の醍醐味だった。

いつか自分でも、極限まで自分を追い込んできたプロアスリートの人生の岐路となる瞬間を撮りたいという気持ちがずっとあった。過酷であればあるほど物語は生まれるし、ドキュメンタリーとの相性がとても良い。

しかし、バレエ団の内情を何も聞いていない現時点では、すべてが僕の想像に過ぎない。

今の時点で「じゃあやりましょう」と判断するのは危険すぎるので、一度話をしてから決めたいと思った。ということで今回のバレエ団との顔合わせが行われることになったのだ。

初対面から15分ほど経った頃、バレエ団の運営担当者が言った。

「実は私もバレエ経験がないんです」

話を聞いてみると、彼女の会社は元々は飲食店などの他業種を運営していて、谷桃子バレエ団には4年前から経営に入ることになったというのだ。

それまで谷桃子バレエ団は、バレエダンサーたちが自分たちで経営も行っていた。バレエ業界的にもこれは珍しいことではなく、バレエ経験者が制作や指導と運営を両立することが多いという。いわゆる「経営のプロ」ではなく、「踊りのプロ」が経営も兼ねる形で行うのが一般的らしい。もちろん現役時代はずっと踊ることを専門にしてきた人たちがいきなり経営を始めるというスタイルがうまくいくことはそうそうない。

谷桃子バレエ団も、この会社が入る以前の経営は、破たん寸前だったという。

そもそもの大前提として、一体なぜこの会社がそんな状況のバレエ団の経営に参入しようと思ったのかということについては疑問が残りつつも、バレエに関して素人も同然の僕は、まずは基本的なことから順番に聞いてみることにした。

「プロバレリーナってどれくらい稼げるんですか？」

〝プロ〟というのだから、年俸など、一定額の固定給が支払われているのだろう。そう思っていたが、返答は予想を外れた。

「バレエだけで食べていける人はほとんどいません。大体は教え（バレエの指導）をしたり、バイトと両立している子がほとんどです」

驚いた。

しかし、同時に「ドキュメンタリーとして面白くなるかもしれない」とも思った。不謹慎ではあるが、ドキュメンタリー的には撮影対象であるバレエダンサーが置かれる環境が過酷であればあるほど、コンテンツとして面白くなる可能性は高くなる。

よくよく考えてみれば、経営が厳しい中でダンサーに払えるギャラが十分にあるわけもない。だとすれば一体何をもってして〝プロ〟と言えるのか。

期待と不安を同時に覚えながら、2時間ほどで初顔合わせは終わった。

バイトが当たり前
まったく知らないバレエの世界

谷桃子バレエ団との初顔合わせを終えた日の夜。バレエ完全初心者の僕は、ネットでバレエについて調べてみることにした。

当時、ネットで調べて、実際にメモした内容はこんな感じだ。

◆日本では、バレエだけで食べていける人はほとんどいない。
実力のある日本人ダンサーたちは、ロシアやイギリスなど、バレエが職業として認められている海外に活動の拠点を移している。

◆プロバレリーナとして食べていくのが難しい一方で、
日本は「習い事」としてのバレエは盛んで、
世界的に見てもバレエ大国と呼ばれるほど、バレエ人口が多い。
その数およそ25万人以上。

◆日本トップのバレエ団は新国立劇場バレエ団で、ここは公務員のように固定のお給料が国（税金）から支払われている。

◆日本のプロバレエ団のほとんどが東京にある。

本来なら知る由もない世界のことを、知るきっかけになる。それが密着ディレクターの仕事の良いところの一つでもある。そうして撮影の度に積み上がっていく知識や経験が次の密着取材へと生かされていき、動画での表現の仕方が変化したり成長したりしていく。

「これは面白くなるかもしれない」

ネットに転がったバレエの情報を見て僕はあらためて思った。

正直この時点での僕には、バレエ界を発展させたいとか、バレエの魅力を動画で伝えたいなどの思いはまったくなく、ただ一点「YouTubeに流した時に需要があるのか」という心配しかなかった。

だから、「日本はバレエ大国でバレエ人口は25万人以上」という情報を目にした時に、少し安心した。思ったよりも需要がありそうだと思ったのだ。

次に、YouTubeで「バレエ」と検索してみた。すると、チラホラと昔のバレエ公演の映像や、どこかのバレエ団がプロモーションで出している1、2分の映像が散見できた。

他には、個人のバレエダンサーがYouTuber的に活動をアップしている動画がいくつかあった。その一方で、僕がやろうとしているドキュメンタリーテイストのバレエ動画は一切なかった。

「これはいけるかもしれない」

今や個人のみならず、どこの企業でもYouTubeチャンネルを持つことが当たり前の時代だ。誰もやっていないジャンルなど存在しないのではないか？ と思えるほどレッドオーシャン化しているYouTubeの世界。その中でなお、バレエドキュメンタリーというジャンルは競合が少なかったのだ。一筋の光が見え、ホッとしつつも、「まだ撮影も始まっていない」と気を引き締めなおした。

警戒するバレリーナ 密着撮影開始

↑密着動画

2023年4月。

東京、世田谷区。小田急線で下北沢の二つ隣にある梅ヶ丘駅。

この日は初めてバレエ団の練習を撮影するということもあり、僕は少し緊張していた。人見知りな性格ということもあり、初対面の取材相手との撮影前はいつもドキドキである。

駅の改札を出て、バレエ団から送られてきた住所へと向かう。チェーンの飲食店やコンビニが並ぶ商店街を抜け、駅から10分ほど歩くと閑静な住宅街が広がっていた。

教えられた住所にはバレエスタジオの看板がかかった、東京にしてはかなり大きめな一軒家が建っていた。後で知ったのだが、とあるバレエ教室のスタジオを間借りしてバレエ団の練習場所にしているらしい。

「間違ってないよな」と不安になりながら、建物の周りをウロウロしていると、大きなリュックを背負った20代前後の若い女の子たちが、建物の前に集まってきた。5分も経った頃にはその人数は10人ほどになっていた。お互いに会話をすることもなく、僕同様、ちょっと緊張した表情をしている。

実はこの日は、新しく入団してくる新人たちの入団日だと事前に知らされていた。

おそらく彼女たちが新人ダンサーだろう。初めてくる練習場所に戸惑い、「どうやって建物の中に入ったら良いのか」「そもそも入って良いのか」と迷っているようだ。

僕は早速、肩に下げていた小型のデジタル一眼カメラ、パナソニックのGH5を手に構えその様子をレンズに収めた。テレビだと、僕のようなディレクターはカメラを構えず、カメラマンを別で発注しロケを共にする。そして、ディレクターが指示を出し、撮影を行うのが通常の撮影スタイルである。

しかし、僕はその方法が嫌いだった。

例えば、何か面白い現象や興味深い出来事を発見した時に、既存のテレビスタイルだと、それをカメラマンに伝えるという動作が必要になる。その数秒の間に撮るべき出来事は過ぎ去り、決定的瞬間を押さえることができない。その対処法としてテレビだと、「すみません、今のもう1回やってもらえませんか」と言って撮り直したりする。しかし、それではリアリティが損なわれる。だから僕はテレビ時代も必ず自分でカメラを回すようにしていた。

予算的にもその方が安く済むし、何より取材対象者が一般人の場合、ディレクターとカメラマンの二人体制よりも、僕一人だけの方が警戒心も薄まって、打ち解けるのが早くなるというメリットもある。

とはいえ、この日、僕と新人ダンサーたちは完全な初対面。新人たちはカメラを構えた僕を怪しむような目で見ていた。

しばらくすると、勇気ある一人の新人ダンサーがインターホンを鳴らした。ガチャリと扉が開き、中から住人が出てきて、新入団員たちと僕を中に入れてくれた。ここの住人の方が営んでいるバレエ教室のスタジオを、その教室のレッスンがない時間帯に谷桃子バレエ団の練習場所として貸してくれている。

日本トップのバレエ団、新国立劇場バレエ団やその他の〝経済的に余裕のあるバレエ団〟は、自分たちでスタジオを持ち、そこを活動拠点にいつでも練習ができる環境があるという情報を、撮影開始前にネットで知った。しかし、谷桃子バレエ団の主な活動拠点は、間借り中のこのスタジオだ。練習できる時間もかなり限られている。


「なんだかメルヘンチックな空間だな」

人生で初めて入ったバレエスタジオにそんな感想を抱いた。広さはテニスコート1面分くらい。何より目に飛び込んでくるのは、ピンク色のカーテンや、ヨーロッパの昔話の宮殿などで出てきそうなランプ。スタジオの奥は鏡ばりになっていて、自らの踊りをチェックできるようになっている。スタジオの窪みになっている場所にはグランドピアノが置かれていて存在感を放っていた。

初めて体験する異空間に飲まれていると、背後から声が聞こえた。

「楽しみにしていました」

声の先にいたのは、50代くらいの小柄な女性。誰が見ても「優しい人なんだろうな」とわかる穏やかな表情と空気感を纏っていた。この人こそがバレエ団のトップ・芸術監督を務める高部尚子先生だった。

その穏やかな雰囲気とは裏腹にすごい経歴の持ち主だ。バレエ業界にいる人なら誰もが知っていて、10代のダンサーの登竜門と言われる世界的バレエコンクール・ローザンヌ国際バレエコンクールで最高賞のローザンヌ賞を16歳の時に受賞。

なんと、ローザンヌ賞の特典には、「世界のバレエ学校、好きな所どこでも奨学金で入らせてあげる券」がついているらしい。高部先生は、その特典で世界最高峰の名門・イギリスのロイヤル・バレエ学校に留学したのち帰国。以降、谷桃子バレエ団でプリンシパル（バレエダンサーのトップ階級）として45歳まで現役で踊り続けた。

引退の大きな理由は股関節の怪我だったそうだ。現役時代の無理が祟り、一時は「歩けなくなるかもしれない」というところから手術を経て現在は完治した。そして今は芸術監督という、作品の振付からダンサーの配役、舞台装置や衣装などクオリティ面の最高責任者を務めている。バレエ界では、ダンサーとして現役時代に功績を残した人が、引退後、芸術監督になるというケースが多いらしい。

そもそも谷桃子バレエ団というのは、「谷桃子さん（1921〜2015）」というバレリーナが創設したバレエ団だ。谷桃子さんは、僕（28歳）の祖父母世代なら、たとえバレエに興味がない人でも名前ぐらいは聞いたことがある、というほどのバレリーナだったという。実力もさることながらその美貌でも名を馳せ、人気雑誌の表紙なども飾るほどの人物だったそうだ。失礼ながら僕はまったく知らなかった。

谷さんは現役引退後も芸術監督としてバレエ団を率いたが、２０１５年に94歳で亡くなった。

高部芸術監督は谷桃子さんの教え子の一人だった。現在は、バレエ団存続のために芸術監督としてトップに立って活動をしているという。

なんとなく「芸術監督」というくらいだからとっつきにくかったり、怖かったりするのかな、と撮影前は内心びびっていたのが、実際に会ってみるとまったくそんなことはなく、むしろ正反対と言って良いほど、高部芸術監督は優しく、親しみやすい人だった。

二回り以上年齢が離れた僕に対しても、偉ぶることなく謙虚に接してくれた。良い意味で、地元に帰った時に会うとホッとする親戚のおばさんのような感覚を抱いた。でも、喋り出すとどこか品のある感じも漂う。今までに僕が会ったことのない不思議なオーラをまとった人だな、というのが第一印象だった。


経営状況的に決して余裕があるとは言えないバレエ団に、一体何人の新人が入団したのだろうか。

「大体１１０人くらいがオーディションを受けて、合格したのは30人くらい」

予想以上の人数に正直驚いた。普通の企業で30人の新入社員を採用するとしたら、立派な大企業である。と言っても、バレリーナたちは出演した公演ごとにギャラが支払われる完全歩合制だ。固定給がないので、役をもらうことができなければ、この30人の新人たちは無収入となる。

「こんなに大勢の新人を採ったのは初めてです」

高部先生曰く、そもそも谷桃子バレエ団は、120人ほどの既存団員がいて例年の新入団員は10人前後だそうなので、今年は異例の3倍ということになる。

新人ダンサーたちの年齢層を聞くと、

「みなさん、大体20代前半ですね。絶対ダメということはないのですが、将来性も見て合否を判断するので、基本的に20代後半以上になると入団試験に合格しづらいです。一番若い子だと高校卒業したての18歳の子が一人いますよ」

よくよく考えれば、彼女たちにとっては谷桃子バレエ団への入団が「就職」なのだ。就職先としてバレエ団を選ぶというのはどんな気持ちなのだろうか。

僕は早速、最年少18歳の新人バレリーナに話を聞くことにした。

「YouTubeチャンネルなんですけどちょっと話を聞いても良いですか？」

恥ずかしそうにしながらも撮影をＯＫしてくれたのは、鈴木菜花《なのか》さん。つい1ヶ月前まで高校生だった女の子だ。バレリーナだから当たり前なのかもしれないが、スラッとした細身のスタイルが目を惹く。突然のインタビューにもかかわらず、ニコニコ笑顔で応対してくれる様子から人当たりが良く、素直な性格なのだろうとわかる。高校卒業後、大学に進学するか悩んだ末に、プロバレエ団に挑戦することにしたという。今はまだ実家で暮らしていて、高校時代から通っている地元のバレエ教室で教えのバイトをしながら、谷桃子バレエ団で団員として活動していくという。

「今はセカンドなので、少しでも早く本団に上がることが目標です」

聞けば、バレエ団には〝階級〟が存在するという。野球の1軍と2軍のように、実力や人気に伴い、上に上がれるかどうかが判断されるというのだ。

セカンドというのは、いわば2軍のようなもので、バレエ団の公演への出演機会は保証されていない。ゆえに、本団に上がれて初めて「一人前のプロバレリーナ」になったと言える。入団後、セカンドから本団になかなか上がれず、20代後半に差し掛かったところで、引退するか、バレエを続けるかの進退を決断する人が多いという。

ちなみに、本団の中でも細かく階級が分かれており、上から、プリンシパル→ファーストソリスト→ソリスト→ファーストアーティスト→アーティスト（セカンドカンパニーから上がると、このアーティストからスタート）といった感じだ。

プリンシパルというのがダンサーの中のトップで、基本的に主役を務める。出演ギャラの額も、階級が上がるほど増える。待遇に差が出てくるのだ。

とはいえ、プリンシパルになったからといって、生活が安泰ということもないらしい。

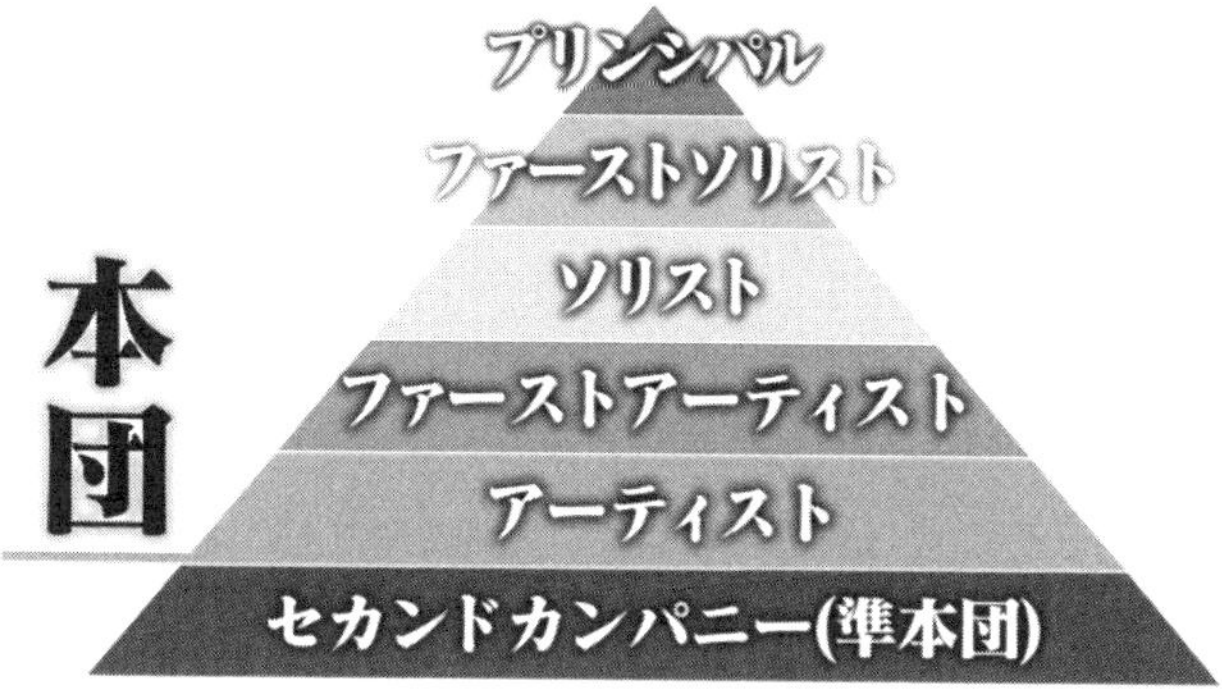

谷桃子バレエ団の階級制度

プリンシパルでも、プロバレエ団の活動以外に、大学でのバレエの指導など外部で教えの仕事をして初めて、何とかバレエだけで生活ができるレベルだという。一握りのダンサーしかたどり着けないはずのトップでさえそれが現状なのだから、日本のバレエ界というのは、やはり厳しい世界である。

そんな階級制度があるとはまったく知らなかった僕だが、「漫画やゲームの世界のようで面白いな」というのが率直な感想だった。プロ野球を題材にした作品でも、「2軍の選手が1軍に上がれるか!?」という局面の物語やドキュメンタリーがよくある。バレエ界の階級制度も動画の良いネタになるかもしれない、などと考えながら、初日の撮影を続けた。

ロシアから日本へ期待の新人

今年入った30人の新人たちは、ほとんどがセカンドからのスタートだったが、飛び級をして、いきなり本団に入った新人が二人だけいた。

「ひとりは、あの壁際に立っている背の高い女の子です」

高部先生が教えてくれたダンサーの元へ行くと、１６５センチの高身長、ザ・バレリーナというような小さな顔に、すらっと伸びた長い手足という恵まれたスタイルの持ち主の女性がそこにいた。新人とは思えない、別格のオーラを纏っていた。

「大塚アリスです」

芸名かと疑うようなインパクトのある名前だ。年齢は23歳だという。

見た目とは裏腹に喋り方はおっとりしている。時折混じる関西弁から西の出身だということが窺えた。

そんな彼女の経歴にはこの日一番驚かされた。

「このバレエ団に入るまでは何をしていたんですか？」

「元々ロシアのプロバレエ団にいたんですけど、コロナで帰国せざるを得なくて。コロナが落ち着いてきたので去年、ロシアに戻ろうと思ったのですが、そしたら今度は戦争が始まってしまって……」

　バレエ素人の僕でもロシアがバレエの本場だということは知っていた。そんなロシアのプロバレエ団にいた人が新人としてこのバレエ団にいるなんて、正直驚いたしワクワクした。

　アリスさんは、高校時代にロシアの名門バレエ学校「ワガノワ・バレエ・アカデミー」に留学して、その後そのままロシアのプロバレエ団に入団したという。ワガノワ・バレエ学校とも呼ばれるこの学校は、世界屈指のバレエ団の一つであるマリインスキーバレエの付属校でもあり、バレエ界のレジェンドともいえる錚々たる面々が卒業生として名を連ねる名門中の名門だ。バレエに詳しくなくともどこかで名前を聞いたことのある人も多いだろう。

　絵に描いたようなエリートコース。すごい経歴。動画的にもこの経歴はインパクトがあってとてもわかりやすく、ありがたい。

　いきなり本団に入団したもう一人の新人は森岡恋さん。広島出身の21歳だ。

　身長が158センチとバレリーナの中では少し小柄だが、喋り方や表情にはエネルギーがあふれていて、「活発な女子」という印象だった。

「アメリカのプロバレエ団にいたのですが、コロナで帰国せざるを得なくなって……」

ロシアの次はアメリカ。こんなに次々と異色の経歴のバレリーナに出会えるとは。興奮を抑えつつ、さらに話を聞いてみた。

「アメリカのプロバレエ団に入る前は、イギリスのロイヤル・バレエ学校に留学していました」

なんと恋さんは、高部先生と同じイギリスの超名門バレエ学校を卒業していた。

卒業後、イギリスのプロバレエ団のオーディションをいくつか受けたが、身長の低さが原因で不合格となった。高身長揃いの外国人ダンサーの中で踊ることになる海外のバレエ団では、小柄な体格は大きなハンディキャップになる。

しかしその後、恋さんの小柄ながらも高い技術力に目を止めたアメリカのプロバレエ団に声をかけられ入団が叶った。ところが、20歳の時にコロナの影響でバレエ団の活動がストップしてしまい、日本への帰国を余儀なくされた。

職業として日本でバレエを踊ることの難しさを知っていた恋さんは、日本に戻ったタイミングで一度バレエを辞め、地元の広島で若者に人気のアパレルブランドのショップ店員や結婚式場でジュエリーを販売する営業マンとして就職。バレエとは無縁の生活を2年間送っていた。

しかし、それまでの人生ですべてをかけて取り組んできたバレエへの想いを抑えることは簡単ではなかった。ある時、地元のバレエ仲間と遊び半分で踊った瞬間「やっぱり踊りたい」という気持ちが再燃し、並々ならぬ決意のもと日本のプロバレエ団で再スタートを

「谷桃子バレエ団」YouTubeより、実際のサムネイル（以下、写真はすべてサムネイルより）

切ることを決めた。

そうは言っても、2年間のブランクは大丈夫なのか。思い切って尋ねると、

「大丈夫です。目標は主役なので」

と力強く言い切った。

ロシアのワガノワ、イギリスのロイヤルという世界屈指のバレエ学校で学び、共に海外でプロバレリーナとして活動していたというインパクトのある経歴を持つ、対照的なキャラクターの二人の新人ダンサーに撮影初日に出会えたことを、密着ディレクターとして幸運に思った。


新人ダンサーたちの入団後、初めての練習。

30人の新人たちの真ん中で、55歳とは思えない力強さで高部先生が指導を始めた。先ほどのインタビューで感じた穏やかそうな印象とは打って変わって、その姿には鬼気迫るものがあった。芸人にオンオフがあるように、バレエの世界にもスイッチのようなものがあるのか。そんなことを考えていると、ピアノを演奏する音が聞こえてきた。

最初はバーレッスンと言って、バーに片手を置いて、ピアノの音に合わせて足を動かす基礎的な練習から始まる。30分ほどするとバーを片付け、センターレッスンとなる。文字通りスタジオの真ん中で行われるこのレッスンでは、僕のようなバレエ経験のない人が「バレエ」といった時にイメージすることの多い回転やジャンプの動きもあった。レッスンは全体で1時間ほど。


「アンディオール」「アラセゴンド」「アティチュード」

練習中は当然、バレエ用語が飛び交う。その間ずっとカメラで撮影を続けた。しかし、バレエ初心者の僕には、正直言って今何をやっているのか、高部先生が何を言っているのか、どの動きが大変なのか、誰がうまくて誰が技術不足なのか、何から何までまったくわからなかった。

さて、どうしたものか——。

YouTubeという誰でも視聴できるプラットフォームで動画を配信するため、視聴者の中には、僕のような「バレエをまったく知らない人」がたくさんいるだろう。その人たちに「面白い」と思ってもらわなければいけないが、そういう人がいきなりこの練習風景を見ても、今の僕と同じく頭に「?」が浮かぶはずだ。そもそもバレエに興味がなければバレエの練習動画など見ようと思わない。

もちろん視聴者の中には、「バレエを知っている人」もいるだろう。しかしその人たちにだけ向けて動画を作っても、今まで以上の認知や拡散は期待できない。動画は広がっていかない。たくさんの人に届かない。

今までバレエを見たことがない人たちにも、バレエ、そして谷桃子バレエ団に興味を持ってもらえる動画とはいったいどんなものだろう。そういう動画を作れるかどうかが、今回の成功の鍵なのだ。

バレエとお金
プロバレエ界のリアル

↑密着動画

「国から助成金が降りませんでした……」

30秒ほどの沈黙の後、「わかりました」と高部先生が力無く答えた。

新人ダンサー入団から1ヶ月。間借りしている梅ヶ丘のバレエスタジオの2階の応接間で、高部先生以下「ミストレス」と呼ばれる先生たち（他のスポーツでいうコーチのような立場）合計7人がそこにいた。

指導陣が集まって行っていたのは、3ヶ月後に本番を控えた8月公演『くるみ割り人形』の配役決め会議だった。バレエの公演は、主役から脇役を含めれば数十もの役があり、それゆえ今回入団した新人たちにも十分出番のチャンスがある。

そんな重要な会議を撮影していた時にかかってきた一本の電話が、その場を凍り付かせた。電話の相手は、僕の会社に動画撮影のオファーをしてきたバレエ団の運営担当者だった。

そもそも高部先生は、芸術監督としてバレエ作品のクオリティ面の全責任を負っているが、いわゆるお金まわり、経営面に関しては、運営会社に一任している。その運営会社の担当者から「助成金が降りませんでした」と何の前触れもなく連絡が来たのだ。突然のことで、僕にはそれがどういう意味を持つのかよくわからなかった。

そもそも、バレエ公演を開催するためにはとんでもない額のお金がかかるという。会場費に始まり、華やかな舞台装置や衣装、そして欠かせないのが音楽を演奏するオーケストラだ。

「すべて合わせると少なくとも3000万から4000万円はかかります。会場によってはそれ以上になることもあります」

桁違いの金額に目を剝いた。そんなに大きな額をどうやって賄うというのか。驚く僕とは対照的に、髙部先生は淡々と続ける。

「一番大きいのは文化庁、要するに国からの助成金です。大体1公演につき2000万円くらいで申請します。ただ、全額助成金が降りることは、そうそうありません。もし1000万円が助成金で降りたとしたら、残りの3000万円はスポンサーを探したり、寄付金で賄ったりします」

正直に言うと、僕らの払っている税金がバレエ公演に使われていると知って、驚くとともになぜだか複雑な気持ちになった。

「仮にチケットが全席売れたとしても、それでも助成金が必要なんですか?」

「チケット代だけですべて賄えるということはまずないです」

なんと、てっきりチケットが売れないから助成金が必要なのかと思っていたが、そもそもチケットが全部売れても、じゅうぶんには回収できない。それがバレエ公演のビジネスモデルだというのだ。

「他のバレエ団も同じような感じですか？」

「そうですね。ほとんどのバレエ団がそうやって助成金を申請して、バレエ公演を行います。例外を言うなら、新国立劇場バレエ団。ここはそもそも国が運営している新国立劇場所属のバレエ団なので、助成金をわざわざ申請せずとも公演が出来ます。ダンサーたちは国に雇われた公務員のようなものなので、国から固定給も出ます」

国から給料が支払われる日本唯一の国立劇場所属のバレエ団。そんなものが日本にも存在するということに驚いたが、髙部先生は続ける。

「もう一つ、助成金を必要としないバレエ団があります。熊川哲也さんが作ったKバレエカンパニーというバレエ団です。熊川哲也さんはご存知でしょう？」

熊川哲也。確かにバレエ初心者の僕でもその名前は知っていた。

「KバレエはTBSがスポンサーに付いているのでここまで多額の助成金は必要ないんです」

テレビのキー局・TBSといえば紛れもない大企業だ。しかし、そもそもなぜ国内有数の大企業がバレエ団のスポンサーに付いてくれるのか？

「熊川哲也さんが大スターだからです。バレエに興味がない人でも熊川哲也さんの名前は知っている。渡邊さんも知っていたでしょ？　逆に髙部尚子は誰も知らない。やっぱり、その差ですね」

冗談めかして笑いながらも、少し俯きながら話す髙部先生。

もちろん「スターだから」というだけの理由ではないと思うのだが、確かに誰でも知っている人がいるというのは大きい。そもそも谷桃子バレエ団だって、元々は谷桃子さんというその時代では名の知れたバレリーナが立ち上げたのだ。やはりバレエの世界においても知名度というものは大切だということだ。

「やっぱり、バレエ団はスターが作らないといけないってことですね。もちろん谷桃子先生は大スターだったけど、谷先生亡き後のバレエ団をどうしていくか、それが難しい」

髙部先生は思い悩むように目を伏せた。

「実際のところ、谷桃子バレエ団は今プロバレエ界ではどのくらいの位置にいるんですか？」

もうここまで来たらとことん聞いてしまおう。配役会議が終わり、僕と髙部先生の二人だけになった応接間で少し失礼にも思える質問をぶつけた。

「順位を付けるのは難しいですが、新国立劇場バレエ団・Kバレエ団・東京バレエ団、この三つが日本のプロバレエ団のトップ3かなと私は思っています。谷桃子バレエ団は、その次くらいに入れるように頑張りたいなという気持ちでいます」

時折言葉に詰まりながらも、髙部先生は願いを込めるように言った。聞きたいことはまだまだある。

「その三つのバレエ団と谷桃子バレエ団では、そもそも入ってくる人のレベルが違うということなんですか？」

「正直に言うと、この三つのバレエ団のオーディションを落ちた人たちが、うちに入ってきます。それは仕方ないですよね。だってダンサーはみんな新国立みたいにお給料をもらいながら踊りたいですもの」

俯き加減に、少し申し訳なさそうに話す。その姿は、レッスン中の鬼気迫る髙部先生とは別人のようだった。


「ほとんどのバレリーナがバイトをして生活しています」

運営会社の担当者と初めて会った時に教えてもらったことが頭に浮かぶ。

「もし、このYouTubeの効果で人気が出て、チケットも売れるようになったら、谷桃子バレエ団でもゆくゆくはバレリーナたちを給料制にできるものですか？」

思い切って、僕は髙部先生に聞いてみた。

だって人気が出ても現状が変わらないのであれば、何のためにこのYouTubeをやっているのかわからない。そんなことを考えながら、少し詰めよるような口調で質問してしまった。

片方の掌を頬に添えて、長い沈黙の後に髙部先生は口を開いた。

高部尚子芸術監督（右）と大塚アリスさん（左）

「もちろんそんな未来が来たら素晴らしいです。そうしたいと思ってます。でも実際は、私が生きている間に実現できるかどうか……」

この人はとことん嘘をつけない人だなと思った。カメラも回っているこの場で他の人が同じことを聞かれたら「給料制にするのが目標です！ 絶対にしてみせます」と、高らかに宣言する人がほとんどだろう。

実際には実現出来る可能性が薄くても、綺麗事に近いことを言うのが、僕が過去に取材してきたトップに立つ人たちの常套手段だった。

しかし、高部先生はすべて正直に答えてしまう。それがバレエ団にとってマイナスに思えるような情報でも、包み隠さず答えてしまう。それが高部先生の良さでもあり、不器用なところだ。一方で、そんな姿を魅力的に感じたのも事実だった。

「だから、バレエというのは親御さんの支援なしではやっていけないんです。子どもの頃の習い事としてのバレエだって、他の習い事に比べたら、お金がかかります。月1～2万円の月謝にプラスして、発表会の費用は安くても10万円以上かかるのが普通です。プロを目指すのであれば、コンクールに出る時の衣装代や交通費も必要になります。でも、そうやって頑張ってプロになったからといって日本ではバレエだけでは食べていけないのが現状です。大人になっても親御さんから仕送りをもらっている人もいますし、実家暮らしをしている人も多い。以前すごく有望な10代のダンサーさんが、プロになるかどうかを迷われていて、親御さんと話したんです。私からすればもちろんプロになってうちのバレエ団に入ってほしかった。でも『入ってください』なんて強くは言えない。だって生活の保障は出来ないし……」

華やかな舞台上の裏にはこんなにも生々しい残酷な現実があるなんて――。この時僕はカメラを回していることも忘れて髙部先生の話に聞き入ってしまっていた。俯きながらも、僕という他者がいることで、なんとか笑顔を作りながら喋る姿をカメラに収めたそのインタビュー動画には、今までに見たことのない人間の表情が映し出されていた。

バレエとお金。ネットで調べるだけでは出てこないリアルな言葉がここにはあった。

給料制にできるかどうか。もちろんその答えは出ないまま、この日のインタビューは終わった。

あまりにも生々しすぎるこの内容を、果たしてYouTubeに公開していいものか。そんな不安を抱えつつ、次の取材へと向かった。

戦争で帰国
ロシア帰りバレリーナの赤裸々告白

↑密着動画

「だいぶ焦げちゃいました」

オーブンレンジから、手作りのスコーンを取り出しながら、ロシアの元プロバレエ団員の大塚アリスさんは少し恥ずかしそうに言った。

取材初日に、バレエの専門用語連発の練習を目の当たりにしたバレエ初心者の僕は、バレエの入り口のハードルの高さを痛感した。そこで、「バレエ」そのものではなく、まずは「人への興味」を入り口に動画を作ろうと考えた。人は「人」に興味がある。バレエ自体には興味がない人でも、同じ人間として共感できれば、バレエの動画に興味を持ってもらえる。そう考えたのだ。

「バレエ以外の趣味はありますか」と事前に聞いたところ「お菓子作りが趣味です」と返って来たので、その様子を撮らせてもらうことにした。

ロシアのプロバレエ団からコロナがきっかけで帰国。地元の関西で、オファーがあれば色々なバレエ団の舞台にその都度ギャラをもらって出演するというフリーランスのバレリーナとして1年間活動。その後、谷桃子バレエ団に入団を決めたアリスさん。フリーだと普段の練習場所がなく、どこかに拠点をしっかり持ちたいとずっと思っていた。それが入団を決めた理由の一つだそう。

　そんな経緯で実家がある神戸から単身上京し、1ヶ月前から都内のワンルームで一人暮らしをしている。部屋の中は、白を基調としたテーブル、棚、ベッド。ピンク色のカーテンやカーペットなど、「バレリーナらしい」という表現が正しいのかはわからないが、どこか優雅さを感じるインテリアで統一されている。上京のタイミングですべて買い揃え、引っ越し当日には親御さんも一緒に上京して荷解きを手伝ってくれたという。

「焦げてるけど、味は大丈夫です」

　華やかなバレエの経歴とは裏腹に、喋り方はおっとりとしていてマイペース。スコーンが焦げた原因はアリスさんのそういう性質にあるのかも、と頭の中で考えながら、彼女から差し出された焦げたスコーンをひと口いただいた。

「美味しいです」

　黒い部分が半分を占めるスコーンを食べながら、アリスさんの経歴についてもう少し詳しく聞いてみることにした。

「バレエを始めたのは何歳の時ですか？」

「5歳の時です。最初はお母さんに無理やり連れて行かれて」

　自分の意思とは関係ないバレエのスタート。これは珍しいことではないらしく、後々他

ロシア帰りの新人バレリーナ、大塚アリスさん

のバレリーナたちに話を聞いた時も、親御さん主導で3〜5歳くらいでバレエを始めていることが多かった。

「バレエを続けるには親御さんの支援なしにはありえません」

高部先生の言葉が頭をよぎる。

これは、全員に当てはまることではないと思うが、「子どもにバレエを習わせていること」を「自分の家は経済的に豊かである」という証明に使う人もいると他のバレエダンサーが言っていた。ブランド物のバッグを買って持ち歩くように、子どもにバレエを習わせているということだ。日本人らしい話だなと思いつつ、それだけお金がかかるということかと理解できた。

最初は親に無理やり連れて行かれたバレエだったが、徐々にその楽しさに気づき始めた。特にロシアバレエの虜になったという。その愛はかなりのもので、ザハロワというロシアの有名バレリーナの名前を、そっくりそのまま愛犬につけるほどだ。

16歳の時にコンクールで結果を出し、念願かなって、ロシアの名門バレエ学校・ワガノワ・バレエ・アカデミーに奨学金をもらい留学することとなった。

ちなみにこのワガノワ・バレエ学校に、現地のロシア人が入ろうと思ったら、超厳格な身体検査があるという。そもそもバレリーナに適した骨格なのか、本人はもちろん、親御さんや親戚の遺伝的な情報まで徹底的に調べあげ、生まれながらの超エリートだけが入学を許されるそう。

入学後も全員が進級できるということはなく、最終的に卒業できるのは3分の1ほど。そんなバレエ猛者たちと一緒に練習をするのだから、上手くならないわけはなく、卒業後はロシアのバレエ団にプロとして入団が決まった。

そんなすごい経歴のアリスさんが次のキャリアとして、なぜ谷桃子バレエ団を選んだのか。

「チケットノルマがないのが大きかったです」

チケットノルマ。よく芸人のエピソードトークで出てくるワードなので、僕にも聞き馴染みがあったが、この言葉がアリスさんの口から出てきたのは意外というほかなかった。

チケットノルマとは、出演者が本番前にチケットを一定数渡され、自らが営業マンとなり売り捌き、もし売れ残ればその分の損失を自ら被るシステムだ。

僕にはわからないバレエの専門的な話が飛び出してくるのではと身構えていたが、率直すぎるアリスさんの入団理由にどこか親近感を覚えた。就活の時に給与面の待遇を見て就職する会社を決める大学生となんら変わりない。

「関西から上京してきているから、東京に知り合いも少ない。チケットノルマがあると売るのが大変だと思って……」

芸人の世界同様、日本のバレエ界ではチケットノルマがあるのは当たり前だという。アリスさんがいた海外ではどうなのか。

「ロシアでもチケットノルマはあるんですか？」

「ないですよ。むしろ固定でお給料が出ます」

半分笑いながらアリスさんは言った。ロシアにチケットノルマがあるわけないじゃないですか、冗談よしてくださいよ——口にしないまでも、その半笑いにはそんなツッコミが含まれていたに違いない。

日本とロシア。国が変わるだけでなぜこんなに違うのか。アリスさんは続ける。

「海外、特にロシアではバレエを観るということが文化になっていて、日常なんです。日本人が映画を見るような感覚でバレエを観に行きます。だからわざわざバレリーナ本人がチケットを売らないといけないなんて考えられません。ロシアのバレエ公演のチケットは、高い席だと1枚5万円くらいするのですが、それもすぐ完売します。チケットを取るのも一苦労です」

5万円が即完売。バレエでなくとも、何かの舞台を見るのに5万円払おうと思ったことが正直言って僕にはない。一体どんな客層が観にきているのだろう。もはやここまで違うとなると、日本とロシアでは、同じバレエ公演といっても、舞台上でやっていること自体がまったく違うのでは？　とさえ思えてくる。

チケットノルマだけでも衝撃的な事実ではあったが、さらに驚いたのが「団費」の話だった。

「ロシアではお給料が出るけど、日本では逆。私たち団員がバレエ団に団費を払うんです。習い事の月謝のように額が決まっていて、レッスン費などの諸経費として毎月支払います」

少し冗談っぽく笑いながら話すアリスさん。今はその現状を飲み込んではいるものの、最初はロシアと日本の想像以上の違いに動揺を隠せなかったという。

かく言う僕も次々と出てくるネットにはなかった新情報に脳の整理が追いついていなかった。

団費を払ってバレエを踊る。それはもはやプロと呼べるのか？　それはもはや習い事に近いのではないか？

そんなことを思いつつも、たとえ完売してもチケット代だけではペイできないバレエ公演の状況を考えると、団費というものが必要だということなのか。そんな風に運営側の立場になって考えてみたりもした。しかし、やはり国内でも有数の「プロバレエ団」の実情がこうなのだとは、どうしても簡単には納得できなかった。

もちろん公演に出演すればその都度、ダンサーにはギャラが支払われる。しかし普段から団費を払っていることを加味してプラスマイナスで考えれば――

「もはや習い事ですよね」

再び冗談めかして話すアリスさんの表情には、笑顔とは裏腹に、日本でこれから踊っていくことへの不安が満ちているように見えた。

週5バイトのバレリーナ

↑密着動画

「今日から入居なので、まだ何もないんです」

家具も何もない、がらんとした6畳ほどのワンルームの部屋。アリスさんのバレリーナらしい部屋と比べると、あまりにも素っ気ない。

「今あるのはエアコンだけ。だから声が響き渡るんです」

殺風景な部屋とは対照的なカラフルなニットに身を包み、笑顔でハキハキと話す彼女は森岡恋さん、21歳。

アメリカのプロバレエ団に所属していたが、コロナが原因で日本に帰国。2年間の会社員生活を経ながらもバレエ復帰を決意し、心機一転上京して谷桃子バレエ団に入団した。これまでは知り合いの家に居候していたが、入団から1ヶ月経過したこの日、一人暮らしを始めるという。

「家賃は6万4000円です」

23区内のワンルームということで考えれば贅沢とは言えない金額だろう。お金はどう工面するのかと聞くと「自分で払います」とあっけらかんと話す。ニコニコ笑顔がトレード

元アメリカプロバレエ団員の新人、森岡恋さん

マークの恋さんだが、彼女の口から溢れる言葉にはどこか力強さがある。

　安定したOL生活を捨て、プロバレリーナとして復帰する恋さん。自らの意志で決めたからには、親には迷惑をかけられない、自分のことは自分で面倒を見るのが当たり前。そう話す表情には迷いがない。その一方で、これからの生活の不安を自らの言葉でかき消そうとしているようにも見えた。

「自分で払う」とは言うものの、入団して間もない現在は、舞台出演のギャラもなく、バレリーナとしての収入は0円だ。もっと言うと、団費なども含めたらマイナスになってしまう。

「当面の間、お金はどうするんですか?」

「今はカフェでアルバイトをしてます」

　通常、バレエ団での練習は朝からお昼にかけてなので、終わったらカフェに直行して、夜まで働いているそう。まるで学校終わりにバイトへと向かう高校生のように。

「家賃に加えて光熱費とかも合わせたら本当にカツカツなので、多分来月からはもっとバイトを増やします。大体週5日くらい。増やさないと生活していけないので」

本当にそんなことが可能なのか、と僕は思った。ケロッとしたトーンで話すから、そんなに大変そうには聞こえないのだが、バレエの練習だって相当ハードだ。今日に至るまで何度かバレエ団の練習を撮影しているが、かなりの体力を使うことを僕も知っている。バレエ団の練習後に立ち仕事であるカフェバイトを週5日とは、とんでもない体力を要するだろう。

バレエをしたくて上京したのに、蓋を開けてみればカフェでコーヒーを淹れている時間の方が長いという現状について、どう思っているのか。

「もどかしいですよ。もちろんバイトの時間を練習に充てればもっと上手になれるはずだけど、そうかと言って練習時間にはお金は発生しないから、バイトをしないわけにはいかない。バレエよりもラテアートの腕がどんどん上達していくんです」

恋さんは淡々と話すが、これは果たして笑っていい冗談なのか、と逆に困惑してしまう。

そんな恋さんの話を聞いて、ある言葉を思い出した。

「好きなことで、生きていく」

少し前にYouTubeが掲げたキャッチフレーズだ。

しかし現実はそう甘くない。もちろんバレエ界に限ったことではなくて、どの業界もきっとこんなような現実が腐るほどあるとは思う。しかし、バレエは舞台上が華やかなだけに、そのギャップが激しい。バレリーナの実際の生活を見てそう思った。

「好きなことで生きていけない現実」がある一方で、バレリーナは「バレエの教え（先生）」をバイトにする人が多いという。なぜならその需要が日本ではとても多いからだ。密着開始前に調べたネットの情報にあった通り、「習い事としてのバレエ」においては日本はバレエ大国なのだ。

そんな需要に対して「プロバレエ団に在籍している」という、ある種のブランドを使って集客をし、自ら教室を持ったり、講師として外部の教室に招かれ、その指導料で稼ぎを得る。それが一つのビジネスモデルとしてバレエ界では確立されている。「自らが踊る」よりも「教える」ことの方が稼げる。そうして教わった生徒がプロとなり、再び教える側に回る。こうして日本のバレエビジネスが形成されている。

やはり海外のように、「プロとして踊るだけで食べていく」というのは日本ではかなり困難な道らしい。

バレエの教えのバイトはしないのかと恋さんに聞くと、「まだ教えられるような立場ではないので」と即答された。

実際のところ彼女ほどの肩書き（元アメリカのプロバレエ団員）と実力があれば、教える側としての需要はあるだろう。とはいえ復帰したばかりの恋さんは「今は自分の能力を高める方に向き合いたいので、変に教えのバイトはしない」という考えらしい。

しかし、実際問題、その「成長のために自分と向き合う時間」がバレエとは関係のないカフェバイトに取られてしまうという負の連鎖に陥っているように僕は感じてしまった。

この日が入居日だが、家具や家電はまだない。あるのは大きなスーツケースのみ。これが彼女が今持っているものすべて、と言っても過言ではない。

荷解きを始めると、ぎゅうぎゅうに押し込まれた洋服などの生活用品の中から、光沢のあるピンク色の靴のようなものがいくつも姿を現した。

「これは何ですか?」

「これはポワントと言って、バレリーナが履くシューズです。つま先の部分が固くなっていて、つま先立ちで踊るバレリーナにとっての必需品です。これも意外と高いんですよ。1足1万円以上します。でも高い割に、すぐ潰れちゃう消耗品なんです。だいたい1ヶ月も履けばボロボロです」

1ヶ月1万円。バイト生活の彼女にとっては痛すぎる出費だろう。生活費はもちろんだが、バレエのための道具にもかなりお金がかかる。「本当にやっていけるのだろうか」親が子どもを心配するような気持ちになりながら、僕はカメラのモニター越しに彼女を見つめていた。

恋さんも他のバレリーナ同様、幼少期の5歳からバレエを始めたという。

「子どもの頃はバレエにかかるお金のことなんか、正直何も考えてなかったです。ポワントも潰れる度にしょっちゅう買ってもらっていました。だから自分で買わないといけなくなった今になって、あらためて親への感謝が込み上げてきます」

アメリカのプロバレエ団時代には無料でポワントが支給されていたそうで、自分の稼いだお金でポワントを買うのは、これが初めてだという。

「今の生活だと、ポワントを買う余力も正直ないです。ニスを塗って乾かして、つま先を固めて、という作業を繰り返してなんとか長持ちさせられるように工夫してます」

バレエを上手くなりたいという思いに反比例するように、次々と出てくる経済的な壁。

「何か打開する方法はないのか」と自然に頭が動き出す。

つい最近まで、バレエのことなんて1ミリも考えたことがなかった僕が、取材を始めて間もないこの時には既に、その厳しすぎる現実から目を逸らせずにいた。

何もない6畳のワンルームの真ん中で、ボロボロになったポワントを大切そうに取り出す恋さんの姿をカメラに収めた。同時に、今ある自分の環境に感謝した。「動画を撮影する」という、自分が好きだなと思える仕事である程度の生活ができているこの環境に。

荷解きがある程度終わり、ソファーや椅子もないので部屋の床に直接座り込みながら恋さんは淡々と話す。

「バレエを職業と言えない人の気持ちもわかります」

日本におけるプロバレエ界の経済的な大変さを、バレリーナ本人たちが誰よりも自覚している。だから彼女たちがそのことを話すときは「当たり前」のように話すのだ。そう、ここではそれが当たり前なのだ。バイトをしながらバレエをする。バレエだけでは食べていけない。それが日本では根付いてしまっている。だからこそ変わらない。いや変える必要すらないと思っているのでは。そんな風に僕には見えてしまった。

傍から見れば、希望を失ってもおかしくないような厳しい環境に身を置きながらも、21歳の恋さんは力強く話す。

「苦労している人の方が上に上がれる。だから私も頑張ったら上がれる」

「上に上がれる」その上とは何なのだろうか。上に上がったらバレエだけで食べていけるようになるのか。恋さんのひたむきな人柄を知れば知るほど、次々と溢れるモヤモヤとしたやるせない気持ちを抑えるのに必死だった。

「頑張って上に上がってください」

無責任この上ない言葉をなんとか絞り出し、この日の撮影は終わった。

まったくバレエに関わりのなかった僕が、徐々にバレエの世界へと足を踏み入れている。そこには正面から見た華やかなバレエの世界とは程遠い、過酷な現実が容赦なく広がっている。バレエへの入り口を完全に間違ってしまった。そんな感覚だった。

バレエ素人、初のバレエ観劇で衝撃の結末

S席、1万3000円。想像していた2倍以上のバレエ公演のチケット金額に、スマホに映るチケット購入ボタンのそばに置かれた僕の親指は固まったまま動けずにいた。

時間は少し巻き戻り、バレエ団の密着撮影を始める1週間前。

人生で一度もバレエ公演を観たことがなかった僕は、勉強も兼ねて、とある有名バレエ団の公演を観に行こうと考えた。もちろん、取材者としては谷桃子バレエ団の公演を観るべきなのだろうが、この期間、公演予定がなかったのだ。

バレエの公演チケットについては、「少しお高いだろうな」というイメージは持っていた。しかし、ここまでとは思っていなかった。

僕は映画が好きでよく映画館に行く。1作品大体2時間で2000円。鑑賞時間はほぼ同じでも、バレエ公演のチケット料金は映画6回分。

予想以上の金額に止まっていた親指を再度動かしスクロールを続けると、C席5000円という数字が出てきた。どうやら舞台からの距離や見やすさにより金額が変わるらしい。良い席で見たい気持ちを抑えつつ、自らのお財布事情も冷静に鑑みて、C席を購入した。

夜7時。会場に足を運ぶと、すぐに後悔した。会場が家から近かったこともあり、僕はパーカーにジーンズというラフな格好できたのだ。しかし、周りを見渡すと、僕とはかけ離れた正装をしたお客さんたちがそこにはいた。自分以外の全員がお金持ちに見えてくる。「ネットで調べた時には、特に服装の指定は書いてなかったけどな」誰に何を言われたわけでもないのに、頭の中で言い訳をかましつつ、回転式扉をぬけて、生まれて初めてバレエ公演の会場に足を踏み入れた。

そこはまさに別世界。「非日常」を体現したような空間だった。天井は高く、西洋の宮殿を思わせる豪華なインテリア。とんでもなくすごい賞でも受賞したのかと錯覚してしまいそうな赤いカーペットが敷かれた階段。その先には、上質なスーツに身を包んだ係の人がいた。チケットを渡すと、引き換えにパンフレットを差し出された。

映画2・5回分。なんとか購入した5000円のチケットに記載された僕の席があるのは3階だった。いくつも入り口があるため、途中迷子になりながら劇場スタッフの方に案内されようやく席に到着した。

席に座り、舞台の方に目をやると、かなりの距離があることに気づいた。

「ちゃんと見えるかな?」

そんな不安を抱きつつ、入場時にもらったパンフレットをのぞいてみる。今回の作品のあらすじや出演するダンサーの名前、プロフィールが書いてある。あらすじの3分の1くらいを読み終えたところで、会場が暗くなった。一瞬静まり返ったあと、少ししてオーケストラの演奏が始まった。おそらく開演したのだろう。

僕が観に行ったのは定番作品というよりは、その有名バレエ団が新たな挑戦として始めた新作だった。密着撮影が始まるまで時間もなく、初心者に優しい作品を選ぶ余裕がなかったという言い訳はさておき、これが不運の始まりだった。

ゆったりとしたオーケストラの演奏が3分ほど続いた後、舞台上にダンサーが出てきて踊り出した。目を細める。心配していた通り、かなりダンサーが小さく見える。細目になりながら頑張ってダンサーの踊りを追っていると、隣にいたお客さんが双眼鏡のようなものを覗き始めた。後で調べたのだが「オペラグラス」と言うらしい。

舞台から離れた席でバレエ鑑賞する際の必需品のようで、オペラグラスを覗いてダンサーの表情を楽しむそうだ。

「もっと下調べをしてから来れば良かった」

自らの失態に後悔している暇もなく公演は続く。

開演から10分。劇中でおそらく何か事件のようなことが起きたのだろう。オーケストラの演奏がシリアスかつ迫力のあるものに変調した。

そしてこの時、僕は再び後悔した。

「作品についてもっと調べてから来れば良かった……」

映画などを見に行く時、僕はなるべくネタバレを避ける。そのため、事前情報を一切入れずに映画鑑賞をする。それと同じテンションでバレエ公演を観に来たが、この習慣が仇となった。

実際に公演を観るまで気づかなかったのだがバレエはセリフやナレーションが一切ない。だから、オーケストラが演奏する音楽とダンサーの踊りや表情、そして舞台美術や衣装などで物語を解釈しなければならない。

セリフがない――これは幼い頃からバレエが身近に存在する人にとっては当たり前のことかもしれないが、僕にとってはかなりの衝撃だった。もちろん「バレエ」は「踊り」がメインだという認識はあった。しかし、「あれ？　踊りがメインで、セリフがないってことは、どうやって物語を理解すれば良いのか」という疑問にまで行き着くことがなかった。人生初のバレエ鑑賞を通して「セリフがないこと」の「難しさ」に気付かされたのだ。

当然、3階席から肉眼では舞台の様子は見え辛い。演奏から、なんとなくの雰囲気は伝わってくるが、物語の具体的な内容は汲み取れない。バレリーナの踊りにキレがあるのはわかるし、ダイナミックなジャンプや回転は、それ単体で見れば楽しめる。とはいえ2時間ずっとそれだけを楽しめるかというと、申し訳ないが難しい。

開演から30分。気づくと僕は席を立ち、会場を後にしてしまった。

バレエ監督の告白
「友達に勧められません」

↑密着動画

30分で5000円という、ある意味破格のエンタメ体験をしてからしばらく経ったある日。

僕は谷桃子バレエ団の芸術監督・髙部先生の自宅を訪ねた。

「すみません、まだレッスン中で」

髙部先生はそう言いながら僕を玄関へと招き入れてくれた。都内の住宅街の中にある3階建ての髙部先生の自宅の1階には、バレエスタジオが広がっていた。

実は髙部先生は、芸術監督を務める谷桃子バレエ団とは別に、自らのバレエ教室を経営している。同じくプロバレエダンサーだったご主人とともに16年前、まだ髙部先生が現役時代の39歳の時に作ったという。

「バレエ団からの収入より、夫婦で経営するバレエ教室からの収入の方が多いんです。正直にいうと、ほとんどがこちらですね」

ダンサーのみならず、監督ですらプロバレエ団から十分に収入を得てはいないというから驚いた。とはいえ、4年前にバレエ団の経営を外部に任せるようになってからは、待遇はかなり改善されたという。

信じがたいことだが、それ以前は、芸術監督としてバレエ団から月5万円しか受け取っていなかったらしい。芸術監督は指導だけでなく、作品の構成や振付も考える。だから家に帰ってからも創作という名の労働時間がある。それを高校生のバイト代にも満たない金額でやるというのは一体どこにモチベーションが生まれるのだろうか。


玄関とスタジオを繋ぐ廊下には、おそらくすごい実績であろう、たくさんの賞状が飾られていた。現役時代に受賞したものから、監督になってからのものまで。

「昼間はプロバレエ団で指導して、夕方に自分の家のスタジオに帰ってきて再び指導。ほぼ毎日バレエ指導漬けの日々です」

指導とはいえ、自ら踊って、動きの説明をしたりもする。髙部先生の無尽蔵の体力は、撮影するたびに驚かされるポイントの一つだ。

髙部先生のバレエスタジオに通う人たちは様々だった。プロを目指す大学生や、プロバレエ団には在籍していないが、フリーとして踊り出演料を稼ぐ人、他にもプロを諦めながらも、踊ることは好きで会社員をしながら趣味として踊り続ける人など。

あと30分ほどで終わるということでしばらくレッスンを眺めていた。収入の違いはあれど、教える時の熱量は谷桃子バレエ団で指導している時となんら変わらず鬼気迫るものがある。普段は親戚のおばさんのような気さくで親しみやすい雰囲気だが、やはりバレエのことになると顔つきが変わるのが高部先生の魅力だ。

レッスンが終わると、リビングがある3階に案内してくれた。

「愛猫のカブです」

部屋の中に入ると毛の長い猫が僕を見つめた。日本の伝統芸能・歌舞伎鑑賞が趣味らしく、頭の2文字を取って「歌舞」。急な訪問者を警戒しているのか、睨みつけるようなカブの眼差しがカメラのモニター越しに伝わってくる。

「最近これを買ったんですけどなかなか被ってくれないんですよ」

そう言って猫用麦わら帽子を取り出し被せようとする。しかしカブは嫌がっている。猫を追いかけ回す高部先生は楽しそうだった。その姿は芸術監督という肩書きを忘れさせ、無邪気な子どもを思わせる。結局、カブが寝室の方に逃げていったところで、闘いは幕を閉じた。


密着撮影を始めて1ヶ月が経っていたが、僕は初めてバレエ公演を観に行った時のことを高部先生に話せずにいた。今日はそのことについて話すのが、家を訪ねた目的の一つでもあった。リビングのソファーに座る高部先生と向かい合うように座り、僕はあの日のことを少し〝配慮〟しながら話した。

「実はこの密着撮影を始める前、人生で初めてバレエを観に行ったんです。正直に言うと、『面白いからバレエを観に行ってみなよ』と友達には勧められないなと思ってしまいました」

静かに僕の話を聞く髙部先生。

「30分で会場を後にしました」とストレートには言えず、少し遠回しな表現になってしまった。とはいえ、芸術監督を目の前にバレエのことを否定しているような気持ちになって、少し気まずさを感じた。

だけど、髙部先生なら何を言っても受け止めてくれるのではないか。密着を1ヶ月続けて知った、髙部先生の器の大きさや、バレエ初心者の僕に対しても丁寧に向き合ってくれる姿勢に少し甘えてみることにした。数秒の沈黙の後に意外な言葉が返ってきた。

「私も渡邊さんと同じですよ。私は歌舞伎の他に、ミュージカルや演劇も好きでよく観に行くんです。この前はハリー・ポッターの演劇を観に行ったんです。とても素晴らしかった。バレエとハリー・ポッター、どっちを友達に勧めるかと言ったら……」

髙部先生は無言でハリー・ポッターの舞台のパンフレットを指差した。

芸術監督本人でさえ、バレエ公演を無条件に誰にでも勧められるわけではないということだ。その理由はどこにあるのか。


「わからない」

これが、初めてバレエを見て僕が抱いた率直な感想だった。

元々僕の本業だったテレビの世界で、一番に意識することは「わかりやすく作ること」

だった。

どんなに面白い映像が撮れていても、わからなければ意味がない。だからナレーションを入れたり、テロップ（画面上に出てくる文字）を入れたり工夫をする。もちろんそれがありすぎて邪魔だったり、演出が過剰すぎて見辛いという意見もある。

とはいえ「わかりやすさ」に重きを置いてきた僕からすると、バレエはあまりにも〝不親切〟に感じてしまったのだ。

「セリフを喋るのはダメなんですか？」

おそらくバレエ界の人からしたら、頓珍漢すぎる質問を、僕は真剣に投げかけた。

「確かにミュージカルや演劇はセリフで物語を理解させますよね。言葉がないって、本当に大変なことだなと思います。でも、だからこそ言葉に出して簡単に伝えられないような心の奥底の声を踊りで表現することができるんです。声にならない声というか……。それが伝わると観ている人はゾクゾクっとする瞬間があるんです。逆に言えば、そういう瞬間がないとバレエのようなセリフのない舞踊って意味がないのかもしれない。喋ってしまったらバレエじゃない――でも、確かに渡邊さんの言うこともわかります」

何を見当違いなことを言ってるんだ！

そう一蹴してもいいはずのバレエ初心者の僕の意見に対しても、髙部先生は全力で答えてくれる。その姿に嬉しさを感じると同時に、自分の発言は軽はずみ過ぎたのでは、と少し後悔した。僕の不安をよそに、髙部先生は続ける。

「でも、そうやって頑なに何も変えてこなかったから、今こういう状況になっているのかもしれませんね。だから、新しいお客さんがバレエを観に来なくなっているのかもしれません。だから渡邊さんの意見もそうですし、バレエを知らない人の意見はとてもありがたいです。昔は私もプライドが高くて、そんな意見に対して反発したりもしてました。でも今は違う。私自身が変わっていかないといけないと思っています」

すごいなと思った。長い間自分が信じてきたものを疑い、新たに変わろうとする。それがどれだけ大変なことか。人は変化を恐れる。だって変わらないほうが楽だから、安全だから。

この日の撮影を境に、僕のバレエ界への気持ちは日に日に強くなっていった。

YouTubeでバレエをどう描く？

2023年5月中旬。気づくとバレエ団の密着撮影を始めて2ヶ月が経とうとしていた。撮影した動画の量は100時間を超えていた。ノートパソコンの画面に映る撮影素材を見返しながら、これをどうYouTubeで届けようか、と僕は悩んでいた。

今や有名人がたくさん参入し、レッドオーシャンと化したYouTube。世間一般的には無名のバレエ団の動画を見てもらうことは、なかなかハードルが高い。

元々バレエ団が自分たちでYouTubeを始めたのが9年前。密着スタート前のチャンネル登録者数は約2000人。再生回数は数千回の動画がほとんどだ。

過去にアップされた動画の内容は、公演前の練習風景や、本番に向けた意気込みを語るもの。これらの動画は、そもそも谷桃子バレエ団に興味のない人は見てくれないだろう。YouTubeで最も大切なのは新規の視聴者に見てもらうことだ。新しい視聴者が見始めると、YouTube側のアルゴリズムが良い動画だと判断し、より多くの人に拡散されるのだ。

だから、とにかくバレエを知らない僕のような人間でも楽しめる動画にする必要がある。

そんな考えで撮影を続けてきたからだろう。パソコンの画面に映る動画には、バレエを踊っているところは少なく、ダンサーや監督自身が悩みや気持ちを語るシーンが多く収められていた。

「このリアルなバレエ界の現状を、ありのまま伝えるのが一番良いのではないか？」

それが2ヶ月近く密着してきたバレエ初心者の僕の結論だった。

もちろん、バレエの技術や作品のこだわりにフォーカスして、「バレエのHow to動画」を作ることは容易にできる。でも、それをしたところでより多くの人に見てもらえるかというと、答えはノーだろう。今いるバレエファンに届くだけだ。

バレエ界のリアルな状況、好きなことをするだけでは食べていけない、目を背けたくなるような現実をも忖度なく届けること。それが最も人の心を動かし、結果的にバレエ界というものに興味を持ってもらったり、バレエ団やダンサーたちを応援したいと視聴者に思ってもらうための一番の近道なのではないか。そう僕は思った。

ただ一つ大きな問題があった。バレエ団からしてみればプロモーションのつもりで始めたYouTubeで、ネガティブ面を全面に流すことになる。バレエ団の経営状況からダンサーのままならない待遇までをすべて公にする必要があるのだ。

とはいえ僕は、動画において、そして物語において「成功している人」や「ハッピーな人」をそのまま取り上げたところで、人の心を動かすことは出来ないと考える。

苦悩する人、葛藤する人、壁にぶち当たる姿、失敗する姿にこそ、人の共感や応援が集まる。僕はそう信じて疑わない。

今までの、綺麗事だけを並べたプロモーション手法で人の心を動かせる時代はとっくの昔に終わりを迎えている。

ありのままの苦悩や葛藤をお客さんと共有するからこそ、ファンがつく。商品が売れる。もちろん撮影される本人からしたら、自分がかっこよく踊る姿を取り上げてほしいはずだ。だから今やろうとしていることは本当に難しい。たくさんのリスクもあるだろう。でも「変わる」というのはそういうことだ。居心地の良いふかふかの布団の上から泥沼へと飛び込むようなものだと思う。

そんなリスクも承知の上で、僕は100時間にわたる撮影素材の編集を始めた。

2分の動画、編集作業は100時間

↑密着動画

編集を始めて1週間。ようやく1本の動画が完成した。

その動画尺は、2分。

たった2分の動画に対して、おそらく100時間以上の編集時間がかかった。

そんな短い尺の動画に、なぜそんな時間がかかるのか？

「作業スピード遅すぎだろ」「サボりながらやったんだろ」

もしかするとそう疑う人もいるかもしれない。しかし、睡眠時間を削って、ほぼ編集だけに集中してこの結果なのだ。


密着ドキュメンタリーは、圧倒的に撮影時間が長い。

例えばYouTuberさんたちの動画は2時間ほど撮影したら、言葉と言葉の「間」をカットして、30分から1時間ほどの動画として公開することが多い。

しかし、「密着ドキュメンタリー」ではそうはいかない。1時間撮影して、1〜2分使えるシーンがあれば良い方だ。酷い時は、5時間撮影しても1秒も使わないということもある。

なぜなら、ゴール(撮れ高)が決まっていないから。

いつ起きるかわからない「面白い」をひたすら待ち続ける。これが密着ドキュメンタリーにおいての基本ルールだと僕は思っている。

もちろん撮影に向かう時点である程度の「撮れ高」を予測はしている。しかし、大体の場合、予測通りに進むことは少ない。それは良い意味でも悪い意味でも。

期待が外れ、特に何も起きず動画にならないこともあれば、想像し得なかったような「面白い現象」が巻き起こることもある。

じゃあ結局のところ〝運任せ〟なのかと思うかもしれないが、そんなこともない。

撮影前にひたすら予測し、準備する。「こんなことが起きるのでは?」「だからここにカメラを向けておこう」「こういう質問をしてみよう」これが全部無駄になることもある。まったく予想外の展開になることもある。むしろその方が多い。でも、この準備があるからこそ、予想外の現象に、いち早く気づき、対応ができるのだ。

もちろん、事前にゴールを決め、それに合わせた質問を取材対象者に投げかけ、動画を作るドキュメンタリーもある。でもそれは「リアルさ」に欠ける。そして、どうしたって想像を超えてこない。ディレクターの脳内にある「面白い」を「再現」したものでしかない。

それだったら、映画やドラマの方が数百倍面白い。

〝圧倒的なリアル〟

これがフィクションにはない、唯一無二の面白さだと個人的に思っている。

だからディレクターが舵を切るのではなく、「何か面白いことが起きる」のをひたすら待ち続ける。

「無駄だな」

そんな風に思うこともあった。何の撮れ高もないまま2時間たった時、「あっ、この時間があったら、映画1本観れたな」とか。

1日撮影して、1分くらいしか使えるシーンがなかった時は「日帰りで温泉旅行に行けたな」とか。

でも、一見無駄に見えるその時間が、今は大切だなと思っている。

完成した動画には不要な、編集時に捨てることになる数十時間を僕は取材対象者と共にしている。その時間があるからこそ撮れる表情がある。

確かに、パッと来て、必要な質問だけして、15分で帰ることもできる。しかしそれでは、取材対象者の「構えた状態」での回答しか返ってこない。

一見無駄に思える10時間。この時間を取材対象者と共にした後に質問すると、より気楽に答えてくれる。その方がよりリアルで自然だ。その言葉は本音であり、本心だ。

そしてそれは視聴者の心により響く。

他人にではなく、まるで家族に話すような、そんな表情や言葉を僕は撮りたい。そう思いながら取材をしてきた。

その結果、撮影が終わると、膨大な撮影素材が溜まっている。

いつ起こるかわからない「面白い」を撮り逃すまいと、常にカメラを回し続けているからだ。

そして、編集のタイミングで、それをすべて見直す。

ディレクターによって違いはあるが、僕は全部見直さないと気が済まない。

なぜなら、現場では気づけなかった面白い表情や言葉が眠っていることがあるから。

そうやって編集を続けていくと、たった2分の動画に、1週間という時間を費やすことになる。

編集している時はとても孤独で不安だ。

「これ面白いかな?」「視聴者の時間を奪ってまで見てもらう価値のあるものになってるかな?」

そんな自問自答を繰り返しながらひたすらパソコンに向き合う。首と腰の痛みに耐えながら、何度も撮影した素材を見返す。正解を誰も教えてはくれない。

「これまで撮影してきたもののすべてを詰め込みたい」

その思いで、すべての撮影素材を見直し、それを2分に凝縮した。これはYouTubeで誰でも無料で見られるようになっているので、是非見てほしい(82ページの二次元コードから視聴できます)。

YouTube配信スタート

320万回再生。

最初の1ヶ月にYouTube配信した動画の合計再生回数だ（2024年5月時点）。


2023年6月2日夜8時。

1週間かけて編集した、たった2分間の動画をYouTubeに公開した。1本目の動画だ。

「見てもらえるか？」「そもそも面白いと思ってもらえるか？」

YouTubeに動画を公開する時はいつもドキドキする。不安だ。

自分に出来る最大限はやったつもりだった。でも動画には正解がない。こうしておけばOKという教科書が売っているなら、金に糸目をつけず買うだろう。

この時点では、バレエ団のYouTubeチャンネルの登録者数は2000人。

古くからのバレエ団ファンや、コアなバレエ好きしか観ていないチャンネルだった。


1本目の動画を配信する予定の3日前。

バレエ団に完成した動画を3本送った。密着撮影開始から2ヶ月が経っていた。

このタイミングでバレエ団は初めて動画の内容を知る。本来、会社などから依頼されて動画を作る場合、まずは企画や構成を作り「こんな動画を作ります」という全体像を明示する。

しかし、今回は違う。

動画の細かい内容はもちろん、全体的な方向性すら、バレエ団が知ったのはこの時（配信開始3日前）が初めてだ。

こうなった理由は二つある。

一つは先ほども説明した通り、「最終的にどうなるのか」がわからない密着ドキュメンタリーにおいて、事前に内容を決めることが出来ないから。

そして二つ目は、事前に決めたルールがあったから。

「動画の内容に関して、バレエ団側からの『ここをカットしてほしい』というような修正希望は基本的にはなしというのが、この密着を始める条件になります。それでも大丈夫ですか？　もちろん、基本的な事実関係の誤りなどの修正はします」

撮影を始める前、バレエ団の運営陣に確認をした。

「大丈夫です。問題ないです」

と、担当者は答えた。

一見横暴に見えるかもしれないが、ドキュメンタリー制作においては、これが一番大切なことだ。

そうでなければ、企業はどうしたって、自分達の「良い面」を見せたがる。それが悪いとは言わない。しかし「視聴者が見たいもの」と「企業が見せたいもの」には大きな乖離がある。だから一般的な企業のプロモーション動画はあまり見られない。どんなに「良い面」をプッシュしたところで見られなければ意味がない。

これがほとんどの企業YouTubeが失敗する理由だと思う。だから、視聴者ファーストで考え、良いも悪いも曝け出す一部のYouTuberたちが成功するのだ。

今回バレエ団に送った3本の動画の内容で言えば、

- ほとんどの団員が給料を十分に貰えていないこと
- 元々はチケットノルマがあり、団員自ら売れない分を被っていたこと
- 団費があり、ダンサーたちはお金を貰うどころか、毎月お金を支払っていること

などがフォーカスされている。

実際にバレエを踊っている映像よりも、過酷な現状を話す監督や団員たちの様子が動画の大きな割合を占めている。要するに「華やかな舞台のリアルすぎる裏側」が動画の核となっているということだ。

さらに、動画のサムネイルには、苦悩の表情を浮かべる芸術監督の顔に、「給料制に出

来ませんか？」という大きな文字や、新人ダンサーの静止画に「給料制↓週5バイト」の文字が並んでいる（53ページ、63ページ参照）。

ちなみにサムネイルとは、YouTubeの検索結果やおすすめ動画の一覧に表示される画像のことだ。この画像をクリックすることで動画を視聴することができる。視聴者はサムネイルに組み込まれたタイトルやキャッチコピー、写真などをもとに見たい動画を選ぶことが多いため、YouTubeにおいて動画の内容と同じくらい重要な要素の一つとなっている。

「大丈夫です。問題ないです」

撮影開始前に担当者は確かにそう答えた。おそらくこの条件をそこまで重く受け止めていなかったのだと思う。当の僕だって撮影前はこんなに生々しい動画になるとは思っていなかった。

「チケットノルマの話はカットできませんか？」

「団費の話はさすがに……」

撮影開始前の「大丈夫です」という言葉は一変し、動画を送ってすぐにバレエ団の担当者から泣きの電話が入った。「気持ちはわかります」と伝えつつ、この部分を使う意図を何度も説明した。

「これはバレエに興味を持ってもらうために必要な入り口作りなんです。最初からバレエをストレートに描いても誰も興味を持ってくれません。僕がそうだったように『こんな世界だったのか！』と視聴者も絶対に驚きます。そして驚いた後に自分ごととして考え始めます。それが徐々に応援に変わると思うんです」

完全に納得した感じではなかったが、担当者との話し合いの末、カットしないそのままの状態で配信できることになった。


1本目の動画が配信されたあと、緊張と不安と期待とが織り交ざったぐちゃぐちゃな心情の中、YouTubeを開き、今何回再生されているのか、どんなコメントが来ているのかを何度も確認した。

結果は――。

動画はみるみる再生された。最初の配信から1ヶ月が経った頃、それまでは一つにつき数千回再生の動画がほとんどだったが、10万回以上も再生された。多いもので30万回を超える動画も出てきた。登録者も2000人から10倍の2万人にまで増えていった。

ホッとした。安心した。

正直僕の想像以上に興味を持ってくれる人が多かった。

願ってもないほどの好調な滑り出しだ。もちろん、これで成功が約束されたわけではないのだが、第一関門は突破したような気がしていた。

しかし、この後次々と予想し得なかった問題が起こり始める。

ここから先はYouTubeの動画にも公開されていない、初めて話す裏側である。

批判殺到

2023年7月。配信開始から1ヶ月。

この頃には、配信した動画の数は15本を超え、ほとんどの動画が10万回以上再生された。順調すぎるほどの結果が出ていた。

「バレエがこんな世界だったなんて知らなかった」

「お金の面でこんな苦労があるなんて驚いた」

「歌舞伎とかの伝統芸能同様、バレエも大変なんだな」

バレエファンだけが観ていたチャンネルから様変わりして、僕と同じようなバレエをまったく知らない人がたくさん動画を見てYouTubeのコメント欄に感想をくれた。

その一方で動画に対して心配する意見も多く寄せられた。

「こんなに裏側を晒して大丈夫なのか？」

「苦労する姿を見たら、本番での舞台を楽しめなくなる」
「一体これを動画で公開して何の意味があるのか？」
「もっとバレエに詳しい人に撮影させた方が良い」

今の時代、自分の身分を明かすことなくネット上に意見を書き込める。だからそこでの声は容赦がない。好感や興味を表すポジティブなコメントがある一方で、心配や不安、時には批判や中傷にも近いネガティブなコメントも寄せられた。

しかし僕自身はまったく気にしていなかった。耐性があったのだ。

バレエ団のチャンネルを始める前にやっていた、女性インフルエンサーの夜のお店をオープンするまでの密着ドキュメンタリー。これには、今回と比べものにならない数の批判が来ていた。

「女性を食い物にするな！」
「詐欺師だ！」
「こんな卑猥なものを載せて、子どもが見たらどうするんだ！」

などなど。

念のために言及するが、実際には卑猥な動画はアップしていない。女性の夜の仕事をリアルに映し、そこで働く人たちの表には見えない苦労や努力を描きたかっただけだ。

「『死ね』とか言われるのは日常茶飯事ですよ（笑）」

チャンネル主であり、動画制作の依頼主であった女性インフルエンサーも、普段からネット上で活動している分、批判コメントに慣れていた。

「とにかくストレス発散できる場所をみんな探してるんです。一つの意見としては聞きますけど、真正面から向き合っても損ですよ」

さすが、20代で夜のお店をオープンしようと考える女性経営者は器が違うなと思った。そんな姿を横で見ていたこともあり、今回のバレエ団のチャンネルに対してのネガティブなコメントに動じることはなかった。むしろ、ポジティブに捉えていた。

そもそも注目されていなければ、コメント自体が来ないからだ。

動画を見て何かを感じてもらえたからこそコメントが来る。それが応援コメントの場合もあるし、心配の声であることもあれば、若干批判的な意見が来ることもある。どう受け取るかは、人それぞれだ。まず興味を持ってもらえているという事実がありがたく、喜ぶべきことだなと僕は考えていた。

しかし、バレエ団側は違った。

次々と来るネガティブコメントに動揺を隠せずにいた。

実際には応援が9割で、ネガティブな意見は1割ほどなのだが、人間はどうしたってその1割に目が向いてしまう。

バレエ団が動揺するのも無理はない。そもそも、動画の内容自体が彼らにとっては予想外のものだった。

踊りや作品のこだわりにではなく、お金にフォーカスした動画。ここまで生々しい裏側を描くとは思っていなかった。それでも僕を信じて、動画の制作を任せてくれた。

しかし、動画の配信が始まってみると「これ本当に大丈夫？」「バレエ団急にどうしちゃったの？」と心配の声が寄せられる。自分達のやっていることは正しいのか。そんな葛藤が生まれる。

客観的に見ていると「なぜバレエ団はそんなにネガティブになるのか？」と思う人もいるかもしれない。当時は僕もそう思っていた。

しかし、こうなってしまうのは当然といえば当然だった。伝統のある芸術を自分達の手で壊してしまうのではないか。今までやってきたことをすべて棒に振る結果になるのではないか。積み上げてきた年月が長いからこそ、不安も大きい。

僕はある意味、楽観的すぎた。良くも悪くも。バレエの、そして谷桃子バレエ団の歴史や背景を知らない分、大胆に行動できた。

この感覚の違いが、後々僕とバレエ団の間に大きな摩擦を生んでいった。

動画は誰かを幸せにしているか？

「このまま続けて大丈夫なんでしょうか？」

沈んだ声で懸念を示す電話の相手はバレエ団の運営会社の担当者。

僕の会社が作るキャバ嬢やホスト、日本の夜の仕事に密着するYouTubeチャンネルを見て、動画制作のオファーをしてくれた人だ。

動画の配信が始まってから、毎晩のように彼女と電話する日々が続いていた。

YouTubeでバレリーナの密着動画を公開し、話題にすることでバレエ団の知名度アップ、チケット販売数の増加に繋がるはず。元々はそんな思いで僕らにオファーをくれたのだ。

しかし、動画公開を始めて2ヶ月。次々と来る周囲からのネガティブリアクションにより、彼女の心は揺らぎ始めていた。

彼女自身も最初は、僕と同じく「バレエをまったく知らない人」だった。

4年前にバレエ団の運営に参入してから、おそらく相当勉強したのだろう。今ではバレエ団の人たちと遜色ないほどバレエの知識を持っていた。

そんな、「バレエを知らない一般の人」と「バレエを知っている人」両者の考えを理解できる彼女が、僕とバレエダンサーの間に入ってバランスを取ってくれていた。

密着撮影のたびに、

「バレエダンサーはこういうところを撮られるのは嫌がると思います。でも先に私の方から意図を説明してできるだけ撮れるように段取ります」

など、トラブルになりそうなところをすべて先回りして根回ししてくれていた。

次々と来るネガティブなコメントにダンサーたちからも不安や不満の声がたくさん届いていたらしい。

しかし、それを密着ディレクターである僕に伝えると「動画の方向性がブレるかもしれない」と考え、伝えるのは必要最低限に抑えてなんとか上手くいくように駆け回ってくれていた。団員だけでも150人近くいる。その一人一人の不安と向き合い、対応するのは並大抵のことではない。

この担当者がいなかったらこのチャンネルを継続できていないだろう。彼女は真の立役者と言っても過言ではない。

しかし、そんな頼もしい彼女も限界を迎えようとしていた。

「着地はどこへ向かっているのでしょうか？」

電話口の声は完全に疲れ切っていた。初めて会った時のエネルギーに満ちた彼女とは別人のようだった。

ここで言う「着地」とは「お金面などのネガティブ面を映し続けるばかりだが、最終的にハッピーエンドはいつやってくるのか？」という意味だった。

「ガチの密着なので、ゴールがどうなるか僕もわかりません。でも本番の舞台が一つの『着地』だと僕は思っています。バレリーナたちの苦労を見せた後に、本番の舞台を観た人たちがどう思うのか、そこに答えがあると思います」

「わかりました……渡邊さんを信じます」

力無い返事から、不安が伝わってきた。


YouTubeで動画を公開するまでの当時の流れは以下の通りである。

事実関係や情報としての間違いがないか確認するため、配信前日に完成した動画を運営会社に送る。このタイミングで初めてバレエ団側は動画の内容を知る。そして、間違いがなければそのまま配信される。

内容的な修正は原則なし。

とはいえ、配信の最終的なGOサインを出す責任を痛いほど感じていたのだろう。日に日に弱っていく電話口の運営担当者の声に僕も辛さを感じていた。

「この動画は一体誰を幸せにしているのか？」

そんな考えが脳裏を過ぎる。

動画を公開する度に、再生回数は右肩上がりに増え続け、多くの人に見てもらえている。

「面白い」と言ってくれる視聴者もたくさんいる。

しかし、より近い範囲の人、取材対象者たちはどうだろう。みんな不安がっている。疲れている。

「出た人を幸せにできる動画を作りたい」

そんな思いで憧れだったテレビの世界から離れ、今の仕事をしている。

だから、自分のすべての時間を注ぎ動画を作る。それなのに、自分のやっていることのせいで動画に関わる人たちが不幸になっているのでは？　それなら僕は何のために頑張っているのか？

そんな考えが頭をグルグルと巡る。

「今は我慢の時だ。いずれ結果が出て、皆が喜べる時がくる」

配信を始めて2ヶ月。そう自分に言い聞かせながら撮影・編集する日々が続いた。

生きた心地がしませんでした

2023年8月。動画配信を始めて3ヶ月目。

相変わらず、賛否両論の意見が飛び交う中、バレエ団のトップ・芸術監督の髙部先生から言われた。

「生きた心地がしませんでした」

「月に数回、他のバレエ団に招待されて舞台を観に行くのですが、そこには色々なバレエ関係者の人たちがいるんです。同業者の皆さんは、うちのYouTubeチャンネルを見てくれています。それはありがたいのですが、何やら腫れ物に触るような目で見られている気がして……。これは私の自意識過剰かもしれませんが」

手の届かない、ある種の〝夢の世界〟として存在してきたバレエ界は、YouTubeという誰でも見られるプラットフォームで公開されること自体が珍しい。その上、動画で公開するのは完成した本番の舞台映像ではなく、ダンサーたちのプライベートにまで踏み込み、給料面までも赤裸々に明かした内容だ。それを全世界へと配信している。

あまりにも今までと違うアプローチに、同業者の方々も困惑していたのだろう。バレエ界にとってある意味「事件」であるこのチャンネルの当事者であり、団の最高責任者である高部先生は、「渦中の人」として周囲からの視線を感じずにはいられなかったという。

実際に動画を作っているのは僕だが、視聴者にその姿は見えない。嫌でもバレエ団のトップであり顔である高部先生に責任がのしかかる。

「でも大丈夫です。私は動画については素人なので、渡邊さんを信じて任せます。気にせず好きなようにやってください」

矢面に立っている分、僕以上に大変だろうに、僕を気遣い最後には励ましてくれた。

年齢が二回りも離れた僕に対しても、高部先生はいつも丁寧に、真摯に接してくれる。そして何より、僕を信頼してくれている。そんな高部先生の言葉や姿勢がこの時の僕にとっては「動画をこのまま作り続けていいんだ」と思える一番の支えでもあった。

バレエの世界に誰よりも色濃くその人生を捧げてきた高部先生だからこそ、いの一番に動画配信のストップを僕に主張してきてもおかしくなかった。

きっと、僕の比にならないくらい葛藤もあったはずだ。周りからの「何やってんだ！」という批判の声もあったと聞いた。

しかし、そんな動揺を一切見せずに「任せます」と言ってくれる。

そんな一言があるから「頑張ろう」と思えた。

こんなふうに、たくさんの奇跡が重なってこのチャンネルが生まれ、何とか続けることができている。

「ネガティブな意見に負けていられない」そう思った。

ここで止めてしまったら、全員が不幸になってしまう。

「今の動画の方向性は絶対に間違っていない」

その自信だけはあった。しかしそれを言語化して、周囲に伝え、安心させる能力が僕には欠落していた。自分だけが正解だと思っていても、物事は進んでいかない。一緒に頑張る仲間を増やすには、その意図やビジョンを共有して共感してもらわないといけない。その意識が欠けていた。

今思うと、本当に反省しかない。

「とにかく信じてください」

当時の僕はこの一点張りだった。これじゃあ皆不安になるのも無理はない。説明不足が過ぎる。この時も、

「絶対に大丈夫です」

自分に言い聞かせるように高部先生に言った。

最高年収700万円

↑密着動画

「こんにちは。初めまして」

1歳の娘さんを抱き抱えながら、自宅の扉を開けて出迎えてくれたのは、永橋あゆみさん。谷桃子バレエ団のプリンシパルダンサーだ。プリンシパルとは、そのバレエ団におけるトップの階級に位置するバレリーナのこと。

密着開始からずっと新人バレリーナにフォーカスしてきたため、次はトップから見たバレエ界の話も聞いてみたいと思い撮影をお願いした。

「永橋さんはお子さんがまだ小さいので、今は育児休暇中なんです」

撮影前に運営会社からそう聞いた。なので撮影場所はバレエを踊るスタジオではなく、彼女の自宅ということになった。

他のアスリート同様、体が資本のバレリーナの現役寿命は決して長いとは言えない。その中で永橋さんは41歳の時に娘さんを出産し、育児のためのブランクを経て43歳で現役に復帰する予定だという。ただでさえ過酷なバレエの世界では、40代で現役を続ける人自体が珍しい。そのうえ出産を経て舞台に復帰することがどれだけ大変なことなのか、この時は想像もつかなかった。

そんな永橋さんの第一印象は「とにかく顔が小さい」だ。そして「華奢」。産後とは到底思えないスタイルだ。もちろん不健康な印象はなく、バレリーナらしい筋肉のつき方や姿勢がとても美しい。


プリンシパルの称号を持つバレエ団のトップバレリーナ。いったいどんな人なのか少し緊張していたが、永橋さんは偉ぶる様子などまったくなく、すごく穏やかで、時折トップバレリーナということを忘れてしまいそうになるくらい温和な空気感をまとっている。今まで出会ってきたバレリーナたちとはまた違う何かを感じた。

「ワンワンワンッ」

カメラを構えながら、玄関に足を踏み入れると、珍しい柄の2匹のわんちゃんが警戒した様子で僕に向かって吠えている。

「興奮しちゃって、すみません。名前はモナとアドです。ブルーマール チワワっていうちょっと珍しい種類なんです」

元気よく吠えるわんちゃんの横に、普通の家庭にはまずない、大きな存在感を放つ「あるもの」を発見した。僕の視線に気づいた永橋さんが少し恥ずかしそうに話す。

「麻雀が趣味で買っちゃいました」

それは、本格的な麻雀卓だった。

プリンシパルの自宅に行ったら、1歳の赤ちゃんと2匹のわんちゃん、玄関のすぐ側には大きな麻雀卓。ちょっと情報量が多すぎる中、初対面の挨拶を終えると、2階へと案内してくれた。

都心から少し離れた2階建の賃貸物件に、旦那さんと娘さんの3人＋わんちゃん2匹で暮らしているそうだ。階段を上がると、キッチン、リビング、娘のゆなちゃんの遊びスペースが縦長に繋がった大きなリビングダイニングが広がる。インテリアコーディネートされたオシャレなデザイン。さすがトップバレリーナ、家にも上品さが溢れていた。

「旦那さんは何をされている方なんですか？」

「夫はプリン屋さんの店長をしています。年齢は12歳下なんです。実は2度目の結婚でして……」

髙部先生同様、色々と包み隠さず話してくれる人だなと思った。

30代で一度結婚したが4年程で離婚。2年前に2度目の結婚をして、今に至るという。リビングのソファーで1歳の娘さんを膝の上に乗せ、カメラの前で色々とぶっちゃけてくれた。

「20代の頃はそれこそバレエ一本という感じで、あまり結婚とかは考えてなかったんです。バレリーナはそういう人が結構多くて。もちろん人によっては早くに結婚する人もいますけどね」

2歳でバレエを始めた永橋さん。きっかけはバレエ教室の先生をしていたお母さんの影

プリンシパル・永橋あゆみさんと長女ゆなちゃん

響だという。山本禮子バレエ教室という有名日本人ダンサーを多数輩出するバレエ教室で学び、18歳でプロバレリーナの道へ。22歳の時に主役デビューをしてそこからプリンシパルになったという。22歳で主役デビューというのは早いように思うがバレエの世界ではそんなこともないらしい。

「1度目の結婚をしていた時も子どもが欲しくて、妊活のためにバレエ団をお休みしたりもしたんです。でも、バレエダンサーって体を酷使するうえに、体型管理のために食事制限をしたりもする。そういう事情から妊活はかなり苦労して、不妊治療もしたのですが結局授かりませんでした」

　不妊問題については、身体を酷使する女性アスリート界でたびたび話題にされているが、悩んでいるのはバレリーナも同じだった。

「2年前に今の夫と結婚してからも少し妊活はしてみたのですが、上手くいかなかった。子どもが出来ないならわんちゃんと暮らそうと主人と話して家族に迎えました。でも不思議なことにこのわんちゃんたちが来てすぐに、ゆながお腹の中にいることが発覚して。それで今ではこんなに賑やかになっちゃいました。ほんと、人生ってよくわからないですよね」

膝の上で眠る娘のゆなちゃんを見つめながら、とても嬉しそうに話す永橋さん。きっと授かった当時のことを思い出しているのだろう。

そんな幸せな表情を横目に、「これは密着動画として厚みが出るな」と僕は思わず考えていた。永橋さんの話からは、今まで取材してきた若いバレリーナたちの置かれている金銭面での過酷な環境とは違う、別の角度からの苦労を知ることができそうだったからだ。

こういうふうにすべての現象を「撮れ高」として考えてしまう職業病とも言える思考回路にたまに自分でも嫌気がさす。自分には人間としての心があるのかと不安になることもある。

しかし、次に僕が口にした質問も撮れ高を意識した下世話な質問だった。

「永橋さんのようなプリンシパルだと、最高年収はどれくらいなんですか？」

バイト生活で苦労する新人バレリーナたちが目標とするプリンシパル。彼女たちの努力の先に一体どれほどの夢が待っているのか？　その答えを聞きたかったのだ。

「一番良い時で700万円くらいですかね」

700万円。自分で聞いておいてリアクションを用意していなかったことを後悔した。

バレエ団の現役トップで700万円。しかも、バレエ団の仕事以外のゲスト出演や教えの仕事など、めちゃくちゃ頑張った年でこの金額だという。もちろんすごい金額ではある。ただ夢があるかと言われれば首を傾げたくなってしまう。

「実力のあるバレリーナはみんな海外に行ってしまいますよね。海外は日本より年間の公演数が圧倒的に多いですし、固定のお給料が出てバレエダンサーが一つの仕事として成り立っています。日本だとダンサーは個人事業主になるので、どうしても生活が不安定になってしまうというのが現状です」

日本ではバレエだけで食べていけない現実。最初に知った時はすごく驚いた。そして、撮影を繰り返すたびにその情報は紛れもない事実なのだと肌で感じ、やるせない気持ちになる。

「日本ではバレエで食べていくのが難しい現状をどう思いますか？　どうすればこの環境が改善されると思いますか？」

日本で踊るトップバレリーナにストレートに聞いた。

「もちろん変わっていってほしいと思っているし、それを目指してうちのバレエ団も今いろんなことを変えていこうとしていますけど……」

そう言って顔を伏せて少し黙った。いかにそれが難しいことなのか、数秒の沈黙が物語っていた。

「このYouTubeの取り組みが何か変わるきっかけになったら良いですね」

僕に気をつかって、少し冗談っぽく話す永橋さん。重くなった空気が少し和らぐ。

「ワンワンワンッ」

1階からご飯を催促するわんちゃんの声が聞こえてきた。膝の上で眠っていたゆなちゃんが目を覚ます。その様子を見つめる永橋さんはやっぱり幸せに溢れていた。

バレエで稼げる、稼げないとかは、人間の幸せとはイコールではない——穏やかな永橋さんの表情は、そんな風に語りかけてきているようにも思えた。

稼げることが正義で、稼げないことが悪。そんなバイアスのかかった取材方法を取る僕は少し後ろめたさを感じた。

バレエ階級トップ
プリンシパルになりたいですか？

↑密着動画

新人がいて、トップがいたら、その間《はざま》の人たちもいる。ということで、次は中堅のバレリーナに密着してみることにした。

「うわ、すでに脇汗がやばい……やだ、これもしかして音入ってる？　恥ずかしい！」

ピンマイクの存在を忘れていたことに気づき、悲鳴にも近い大きな声で雄叫びを上げたあと、ケタケタと笑い転げているのは山口緋奈子さん、27歳。僕と同い年。

容姿端麗な見た目ながら、気取ることのない天真爛漫な性格の持ち主の緋奈子さんは、プリンシパルの一つ手前である、ファーストソリストという階級に位置している。元ジャニーズのタッキーこと滝沢秀明氏が演出を務めたミュージカル作品『滝沢歌舞伎』にも7年連続で出演するなど、華やかさと実力を兼ね備えた中堅ダンサーだ。

密着を始めた春からはや数ヶ月、季節は夏に変わり蟬の鳴き声が聞こえ始めてきていた。半袖でも少し汗ばむ気温の中、緋奈子さんを含む団員たちが向かった先は、田園風景が広がる栃木県の田舎町。目的は「学校公演」だ。

学校公演とは、文化庁から依頼を受け、プロバレエ団が小・中学校に出張して行う公演のこと。バレエ団にとっては、主要な仕事の一つである。

公演にかかる費用（交通費や宿泊費、ダンサーたちの出演料）は税金から捻出される。

前述の通り、谷桃子バレエ団は固定給制度ではなく、公演ごとに出演したダンサーにギャランティが支払われる完全歩合制だ。だから、こういった学校公演はダンサーにとって大事な収入源となる。

もちろん全員が出られるわけではない。予算の兼ね合いもあるので、小規模なものだと、出演できるダンサーは10名前後である。日々の練習で評価されたダンサーだけが配役され、仕事を勝ち取ることができるのだ。

今回の学校公演は、4泊5日で栃木と群馬の小・中学校を数カ所回るという。

ダンサーが宿泊するのはビジネスホテルの一人部屋。旅慣れたダンサーたちとはいえ、5日分の大荷物を持って移動するのは大変そうだ。

北は北海道から、南は沖縄の離島まで。この日はバス移動だったが、場所によっては新幹線や飛行機、時には船やヘリコプターに乗ってまで公演場所に向かい、バレエを披露することもあるそうだ。

密着を始めるまで人生で一度もバレエを見たことがなかった僕は思わず「もし子どもの頃にバレエを見ていたらどう感じていただろう」と考えたりした。

ファーストソリスト・山口緋奈子さん

学校公演初日の朝、会場へ向かうバスの中で緋奈子さんに話を聞くことができた。

「今はバレエ団と、バレエ教室での教えをいくつか掛け持ちして生活しています」

それを聞いて少し安心した。ファーストソリストともなると、バレエだけで生活ができるみたいだ。

今ではバレエ団の本公演でも主役を務めるほどの彼女だが、プロバレリーナの道を選ぶにあたっては、葛藤もあったらしい。

「大学に進学するかどうかっていうタイミングですごく迷いました。もし怪我をしてしまったりすれば、バレエは踊れなくなってしまう。将来のことを考えると何か他にもできることがあった方が良いのかなと思ったりしたのですが、結局バレエの道を選びました」

高校卒業後すぐに谷桃子バレエ団に入団した緋奈子さんは、地道にキャリアを積み、今年ファーストソリストに昇格した。

「プリンシパルには上がれそうですか？」

緋奈子さんの明るく朗らかな性格に甘えて、軽い気持ちでこの質問をしたことを僕はすぐに後悔した。

「そう簡単に『プリンシパルになりたい』とは言えません。今は目の前のことに一つ一つ全力で取り組むことが目標です」

ずっとニコニコしていた緋奈子さんの表情が、少し真剣なものに変わった。その空気を感じ取り、自分のデリカシーのなさを悔いていると、

「でも動画的には『プリンシパルを目指しています！』って言った方が良いですかね？」

さっきまでの表情が嘘のように、いつもの明るいテンションで笑ってくれた。僕の後悔を察して空気を良くするために気を遣ってくれたことがひしひしと伝わった。良い人だなと思った。


「ここが今回の会場です」

そういって緋奈子さんに案内されたのは栃木県・佐野市の公民館。

「ここに生徒さんたちを呼んでバレエを披露します」

今回のように外部のホールで踊るのはレアケースで、通常は学校の体育館を会場代わりに使うことが多いらしい。

公民館の中に入ると、数百の客席の先にステージが見えた。ステージ上ではガタイの良い大人たちが何かを準備している。

「美術さんや大道具さんです。私たちより早くに会場入りして、踊れる環境を作ってくれているんです」

学校公演を回るのはダンサーだけではない。一緒に大道具さんや美術さんも同行するのだ。バレリーナが安全に踊れるように、床に特殊なマットを敷いたり、音響装置のセットや照明の準備まで、やることが山のようにある。パッと行って、パッと踊って、パッと帰る。そんな容易い話ではないようだ。

学校公演の前半は、バレエの歴史やポーズの意味を説明したり、実際に生徒をステージに上げ、バレエダンサーと共にバレエを体験してもらう。後半は、有名なバレエ作品の抜粋シーンを1時間弱披露する。

最後は生徒たちから感謝の花束とお礼の言葉を受け取り、記念写真を撮影してこの日の学校公演は終了した。

衣装から着替えた後はダンサーたちも一緒になって撤収作業を行う。すべてを終えて会場を出る頃には、日が暮れていた。

そして、また貸切バスに乗り込み、翌日の公演会場の学校近くにあるビジネスホテルに宿泊する。これが学校公演の1日の流れである。

髙部先生が教えてくれた。

「運営の人たちの頑張りもあって、谷桃子バレエ団の学校公演の数は年々増えています。公演数が増えれば増えるほどダンサーたちに払えるギャラも多くなるので、これはすごくありがたいことです」

学校公演は文化庁から支払われる全体の予算が年間で決まっていて、その予算はバレエ以外にも、オペラやオーケストラ、歌舞伎などに使われる。さらにそこから、各学校のバレエ公演をそれぞれどのプロバレエ団に依頼するかが決まる。おそらく前年度の学校からの評判や、普段のバレエ団の実績・取り組みなどから、どのバレエ団に依頼するかを判断しているのだろう。だから学校公演を増やすのも決して簡単な話ではないのだ。

一方で、本公演と言われる、バレエ団主導で行うメインの公演がある。これにも例の〝助成金〟と言われる国からの支援を申請する。

「チケットの売り上げだけでは、とてもやっていけません」

以前、髙部先生に言われた言葉を思い出す。

要するに「国」がどれだけバレエというものに力を入れるか。それが、今後のバレエ界を大きく左右すると言っても過言ではない。

「本当に国に頼るしかないのだろうか？　何か違う方法はないか？　自分たちでこの現状を打破することはできないか？」

学校公演から本公演まで、どこを取っても〝国次第〟というのがなんだかむず痒かった。

自分たちは無力だ。そんな風に言われている気がして嫌だった。

初めてバレエというものに触れてからまだ半年に満たない僕だが、思わずグルグルと考え始めてしまう。

僕には浅はかな考えしか思いつかないかもしれない。きっと僕と同じように考えた、僕より頭の良い人が何人もいただろう。にもかかわらずこの状況を打開出来ていないということは、かなり難しいのだ。

それでも、何かできることをしたい。

「動画が何かの足がかりにならないか」

きっとこれも浅はかな考えだ。そんな簡単な話ではないこともわかっていた。

でも、何かを変えたいという小さな思いが確かにこの時芽生えていた。少しずつ自分のバレエに対する気持ちが変化していた。

「へぇ～、バレエ界ってこんな感じなのか」という傍観者の立場だったはずが、「何か自分に出来ることはないか」という当事者としての意識がいつの間にか芽生え始めていた。

バレエと子ども、皮肉な話

「チケットが完売しました！」

髙部先生が嬉しそうに話す。

YouTubeを開始して以来初めての「わかりやすい結果」が出た。

プロバレエ団のメイン活動となる「本公演」。

密着を開始してから初めての本格的な公演が翌月に控えていた。少数精鋭だった学校公演とは違い、100名近いダンサーが出演し、3ヶ月以上の練習期間をかけて本番に挑む。場所は、東京・日比谷にある日生劇場。日本生命保険が創業70周年を記念して建てた歴史ある劇場だ。日比谷公園の真正面にあり、真横には東京宝塚劇場がある。席数は約1200席×6公演。チケット代が1万円近い席もある。そんな公演のチケットが完売した。本番1ヶ月前の出来事だった。

「こんなに早く完売するのは珍しいです」

30年以上バレエ団に在籍する髙部先生がそう言ってくれたから、YouTubeの効果があったことには違いない。

ホッとした。

僕が託されたチャンネルリニューアルの滑り出しは順調だったとは言え、YouTubeの再生回数は一つの指標でしかない。最終的な目標は「バレエを見る人が増える」ことだ。これだけ赤裸々に色々なものを映したにもかかわらず、チケットの売れ行きが変わらなかったら、動画の存在価値はないも同然になってしまう。

少し肩の荷が降りた。そして、自分の感情に少し驚いた。

半年前までは見ず知らずのバレエ団だった。そのバレエ団の公演チケットが完売したことで、こんなにも幸せな気持ちになるのか。思った以上の心地良さに、まるで自分はバレエ団の一員になったのかなと錯覚するくらいだった。

とはいえ、この公演は比較的〝売れやすい〟公演だったらしい。

「子役がたくさん出演する舞台はチケットが売れやすいんです」

そう高部先生が教えてくれた。

今回の公演は「ファミリーフェスティヴァル」と銘打ち、自治体の後援や企業の協賛を受け日生劇場が昔から行っているプロジェクトの一つだった。夏休みに家族で本格的な舞台芸術を体験してもらうというコンセプトだ。

だから出演者にも子どもを多く起用した。大々的に一般公募で子役オーディションを行い、32人の子どもが出演することが決まった。

「お子さんがプロバレエ団の公演に出るとなれば、親御さんをはじめ、おじいちゃんおばあちゃん、親戚、友達とその家族などがこぞって観に来てくれます。子どもはたくさんのお客さんを連れてきてくれるんです」

確かにありそうな話だなと納得しつつも、研鑽を積んだプロのダンサーよりむしろ一般の子どもに集客力があるというのは、なんとも皮肉な話だなと思った。

「あの子、太った？」バレエとルッキズム

↑密着動画

「昨日の晩御飯の残りのおかずを、おにぎりの具にするんです」

バレエスタジオの片隅で、唐揚げや卵焼きが入った手作りの大きなおにぎりを見せてくれたのは、石川真悠さん。

チケットが完売した8月の公演で主役を務めるバレリーナだ。今回初めて主役に挑戦するという。

「プロになるのは諦めて、理学療法士を目指していたんですけど……バレエから離れた自分自身のことをどうしても好きになれなかったんです」

高校卒業と同時にバレエを一度辞めて専門学校に進学した石川さん。しかし、5歳から始めたバレエの道を捨てきれず、プロに再チャレンジ。一番下の階級からコツコツ技術を積み上げ、バレリーナにしては遅咲きの29歳で初主役のチャンスを摑んだ。

この密着を通して色々なダンサーに話を聞く中で「一度辞めたけど、再び戻ってきた」という人が本当に多いことに驚かされる。

余談だが、僕も芸人という夢を諦め、テレビの制作会社に就職した。AD時代は毎日の

徹夜作業に嫌気が差し、「もう1回芸人にチャレンジしようかな」なんて思いが過ったこともあったが、実際に行動に移すことは出来なかった。

何が言いたいかというと、一度辞めた場所に再び戻るのはかなりハードルが高いということだ。にもかかわらず、バレエ界にはカムバックしてくる人が本当に多い。まるで取り憑かれるかのような、経験した人にしかわからない魅力がバレエにはきっとあるのだろう。バレエ素人の僕には皆目見当もつかないのが残念である。


石川さんが踊るのは『くるみ割り人形』という作品の前半の主役である、クララという役だ。可愛らしいピュアな少女であるこの役は、石川さんのイメージにぴったりだなと僕は思った。

『くるみ割り人形』は三大バレエの一つと言われており、バレエを知らない人でも一度は耳にしたことがあるような有名作品だ。

「クリスマス・イヴにくるみ割り人形を贈られた少女クララが、夢の世界を旅する」という物語である。だからクリスマスシーズンになると世界各国のバレエ団で上演される。

それを8月の真夏にやろうとしているから少々季節外れではあるのだが、子どもが多く物語に出てくるという理由で、今回この夏休み時期の公演に選ばれたという。

ちなみに、三大バレエの残り二つは『白鳥の湖』と『眠れる森の美女』。すべてチャイコフスキーが作曲している。こう聞くと、聞き馴染みのあるワードばかりで、バレエをまったく知らない僕でも少し興味が湧いてくる。

「そもそも、それだけ好きだったバレエを一度辞めようと思ったのはなぜですか」

練習後の石川さんに聞いた。

話しづらそうな内容でも、質問しないと始まらないのが密着取材というものだ。

少々センシティブな話題でも、「取材だから」という建前を使いズケズケ聞けるのがこの仕事の良いところでもあり、神経がすり減る部分でもある。

「やっぱりバレエって〝見た目〟が大切なんですよね。バレエの世界のそういうルッキズムにすごく悩んでいました。何かこれというきっかけがあったわけじゃないんですけど、それでも頑張るしかないと思っていた気持ちが、急に『あ、もう無理だ……』ってなってしまって」

バレエの技術を高めるために血の滲むような努力をしていたのに、「見た目」が理由で諦めるというのはなんともやりきれない話だなと思った。

「あの子最近太った？」

「来週までに痩せられなかったら、役を降ろすか考えましょう」

バレエの練習を密着撮影していると、そんな会話がピンマイク越しに聞こえてくることがある。

容姿についての言及がタブーになっている現代において、時代錯誤とも言えるような言葉の数々に、昭和時代にタイムスリップしたような感覚に陥るほどだ。

もちろん、体のラインがしっかりと出るレオタード姿で踊るバレエダンサーたちには、「着痩せ」なんていう目眩しは使えない。体型も実力のうちと叱咤されながら、残酷なまでに自分の見た目と向き合う日々。

さらに、石川さんが言うルッキズムという言葉の中には、「骨格」や「顔立ち」など、自分の努力ではどうしようもできない要素も含まれていた。商業バレエの世界では、踊りの技術ももちろん大切であるが、それと同じぐらい「人気」も必要である。そうなるとどうしたってビジュアルが良い人の人気が出やすい。これは他のジャンルだって同じことだ。取材を通して、今まではプロバレエの世界の経済的な報われなさに直面してきた。今回はそれとはまた違ったバレエ界の難しい面を垣間見た気がした。

それは僕が元々いたテレビの世界で見てきた芸能人たちの悩みとも被るものがあった。華やかな――今となっては「華やかだった」と表現するのが正しいかもしれないが――テレビタレントたち。カッコいい、可愛いのが当たり前の世界。専属のメイクやスタイリストを雇い、ビジュアルを整える。中には大金を使い整形をする人もいた。

「人前に出てお金をもらう仕事」というのは、それだけしないといけない、ということだ。ジャンルは違えど、バレエだって人前に立つ仕事だ。鏡に映る自分が商売道具なのだ。その自分に自信が持てないというのは、とても辛い毎日に違いない。「ただただ踊るのが好き」そんな思いで子どもの頃に始めたバレエが、いつの間にか自分を苦しめるようになっている。

しかし、そんな苦しい期間を経て、目の前にいる石川さんはきちんと前を向いていた。

「周りと比べて落ち込んでしまったりする時もあるんですけど……でも、そこでくよくよ悩んでもどうにもならない。だったら自分と向き合うことに時間を使ったほうが意味があるなと気づいたんです。だから今は周りと比べすぎず、自分だけを見て練習するようにしています」

そう言うと、石川さんは初主役舞台の通しリハーサルに戻って行った。

男でバレエ　なぜ？

↑密着動画

3％。

25万人以上いるバレエ人口のうち、男性が占める割合だ。その数8000人。

「母が昔バレエをやっていた縁で、3歳からバレエを始めました」

そう話すのは森脇崇行さん、21歳。

「彼は将来有望なプリンシパル候補です」

高部先生も期待を寄せている男性ダンサーだ。

それもそのはず、森脇さんは、芸術監督の高部先生と同じく、世界的な若手バレエダンサーの登竜門・ローザンヌ国際バレエコンクールのファイナリストだ。谷桃子バレエ団では、入団1年目で主役級の役柄を任される若手のホープである。

ただでさえ男性人口が少ないバレエの世界。だから才能ある男性ダンサーは本当にごくわずかであり、とても貴重な存在なのだ。

「出身は広島です。1年前に入団と同時に上京してきました」

一人暮らしをしているワンルームの部屋でそう教えてくれた。喋り方は少しゆったりしていてマイペースな感じだ。どちらかといえば草食系男子といったところだろう。

しかし踊りになると、普段の雰囲気とは真逆の力強さを見せるから、そのギャップに毎度驚く。バレエ素人の僕でも「何かが違う」とわかるほどだ――実際にはわかった気になっているだけかもしれないが。

滞空時間の長いジャンプを可能にする跳躍力、体に一本軸が通っているような安定感抜群の回転。練習を撮影していても、特に森脇さんが回転をした後は、自然に拍手が起こることが多い。撮影を続けていくうちにわかったことだが、素晴らしい技を披露した時は練習中でも拍手が起こるというのは、「バレエあるある」だそうだ。

ちなみに僕は人生で「バレエをやろうかな」と思ったことが一度もない。僕に限らず、そんな男性は少なくないはずだ。

女の子ならバレエは人気の習い事の一つに入ってくるかもしれないが、男の子なら野球やサッカーなどが一般的だろう。その上、他の習い事に比べてバレエはお金がかかるのだ。週に1回のレッスンで月謝が1万円を超えることも珍しくないため、選択肢から遠ざかるのも無理はない。

「始めた時の記憶はないんですけど、小学校2年生くらいから段々自らの意思でやる気が出てきたみたいです。家庭のお財布事情的にバレエを続けるのはなかなか厳しかったのですが、通っていたバレエ教室の先生がだいぶ協力してくれて……」

ただでさえ人口が少ない男性ダンサーだ。才能がある森脇さんにバレエを辞めてほしくなかったのだろう、バレエ教室の先生もお金はそっちのけで協力してくれたという。しかし、その後の道のりも順風満帆とは程遠いものだった。

「実は一度バレエは辞めたんです」

髙部先生をはじめとしたバレエ団幹部がこぞって将来のプリンシパルに推すほどの才能の持ち主にいったい何があったのか。

ローザンヌでファイナリストになった後、その特典の奨学金で中学卒業と同時にドイツの名門バレエ学校に進んだ。コンクールでの成績が優秀だったため、学費だけでなく、生活に必要な食費や住居費も給付される「フルスカラシップ」での留学だったそうだ。

卒業を控え、海外のバレエ団で踊ろうと考えていた矢先、コロナ禍になり、日本に強制帰国となってしまった。海外のプロバレエ団は軒並み新規団員募集を停止、既に進路が決まっていたバレエ学校の先輩たちの入団内定も取り消しとなったという。

「このままバレエをやっていても、将来が見えないと思ってしまったんです」

一時はバレエから完全に離れ、ごみ収集などのアルバイトを地元・広島でしていたという。

森脇さんを再びバレエの道へと引き戻したのは、同じ男性ダンサーで、谷桃子バレエ団のプリンシパルである、今井智也さんだった。

　今井さんは入団20年のベテランで、年齢は40歳。プリンシパルとして踊りながら、高校生の娘さんを男手一つで育てているという。それだけでも密着のしがいがあるのだが、彼にはYouTubeとは相性の悪い、ある一面があった。

「喋るのは苦手なので、カメラはちょっとごめんなさい」

　ダイナミックな踊りとは裏腹に、意外にもシャイな性格でカメラに映ることを極端に嫌がる。確かに150人も団員がいれば、「カメラが嫌」という人がいるのも当然だ。しかし、よりにもよってプリンシパルがそうだというから僕としては頭を悩まされる。とはいえ、今井さんはカメラが回っていなければ、とても優しく僕に接してくれる。とある撮影で長机を使った際には、

「片付けはやっておきます」

　と、率先して、プリンシパル自ら重い長机を片付けてくれた。そんなこともあり、いつか密着撮影も、その優しさでOKしてくれるような気がしている。

　そんな今井さんがゲスト出演した関西のバレエ教室の発表会に、偶然居合わせたのが森脇さんだった。

「父の親戚がバレエ教室の先生をやっていたので『助っ人として、どうしても発表会に出て欲しい』と頼まれて、たまたま出ることになったんです」

　1年間、バレエとは無縁のバイト漬けの生活を送っていた森脇さんだったが、その優し

い性格からなのか、親戚の頼みを断ることができず、バレエ教室の発表会にゲスト出演。そこで出会った今井さんはすぐに森脇さんの才能を見抜いたが、「今はバレエを辞めている」と聞いて驚く。ブランクがあるとは思えないレベルの森脇さんの踊りを見て、居ても立ってもいられなくなり、

「一度谷桃子バレエ団の練習を観にこないか」

と誘ったのだという。

「ちょうど東京に用事もあったので」

偶然に偶然が重なり、谷桃子バレエ団の練習に参加したのだ。

「これは僕自身、思ってもみなかったことだったんですが、僕がバレエに戻ることを周りの人たちがとても喜んでくれたんです。それでもう1回やってみようという気持ちになりました」

バイト生活がダメとか、そういう話ではない。森脇さんが一番輝く場所に戻ることを、家族をはじめ周囲の人たちも望んでいたのかもしれない。そんな経緯で森脇さんのバレエ人生が再び始まった。

「今はなんとかバレエだけで生活できています。バレエ団の他に、発表会のゲストなど外部の仕事での出演料をいただけているので」

女性との違いで一番驚いたのが、バレエ団以外の外部仕事の多さだ。プロバレエ界では

「女性より男性の方が稼ぎやすい」という事実がある。

その理由はいたってシンプル。男性ダンサーの方が「需要」が多く、「供給」が少ないからだ。

例えば、バレエ教室で発表会をしようと思った時、出演生徒のほとんどは女性であり、女性の相手役や、男性側の主役を踊れるようなポテンシャルを持った男性が在籍していないケースが多い。その時に白羽の矢が立つのが、森脇さんのようなプロの男性ダンサーだ。男性ゲストとしてアマチュアのバレエ教室の発表会に出演する。その出演料として支払われるギャラが男性ダンサーの生活を支える収入となるのだ。そうやって所属するバレエ団以外の仕事を複数掛け持ちすることで、女性よりも収入が多くなるという。

「ただ、男性ダンサーの外部仕事が多いことはバレエ団にとって良い面ばかりではないんです」

ある時高部先生がそう言っていた。

「外部の仕事が多い男性ダンサーは、自然とバレエ団の練習に来る機会が減るんです。そうすると女性は男性のパートナーがいない状態で踊りの練習をしないといけない。かといって、バレエ団のために外部の仕事をやめてほしいとはもちろん言えません」

バレエ団の練習にきちんと参加している女性ダンサーよりも、練習を休む男性ダンサーの方が稼げてしまう。なんとも皮肉な話だ。もちろん誰も悪くない。男性だって休みたくて休んでいるわけではない。生活のために仕方のないことなのだ。

森脇さんは、次回の公演『くるみ割り人形』で石川さんと共に主役を踊る。

ついにここから、この密着におけるメインイベントとも言える、バレエ団の本公演の撮影が始まる。そう思った矢先、チャンネルの存続を脅かすある事件が起こった。

バレエ団との衝突
チャンネル存亡の危機

「動画の方向性を変えられませんか?」

配信開始から3ヶ月。

公開した動画本数は20本近く。

総再生回数も300万回超え。

次回公演のチケットも完売。

そんな中で、バレエ団の運営会社から動画公開の「ストップ」が入った。次々とくるネガティブコメントにいよいよ耐えられなくなったのだ。

バレエ団の事務所で僕と高部先生、運営陣4人、合計6人で話し合いが行われた。

バレエ団からのお願いは以下のようなものだった。

- バレエ界のお金関連のネガティブ面にフォーカスし過ぎないでほしい
- 自宅撮影など、バレエダンサー達のプライベート面ではなく、バレエの練習や芸術

の素晴らしさに焦点を当ててほしい

バレエ団の希望は要するに、王道のバレエドキュメンタリー、アスリートとしての真正面からの物語を作ってほしいというものだった。

「チケット完売という結果が出てもダメか……」

実を言うと、僕自身、結果が出るまでは、今の動画の方向性を100%理解してもらうのは難しいと割り切っていた。

だからこそ、わかりやすい結果が欲しかった。「この方針で間違ってなかった」という証が欲しかった。このまま進んでいっても大丈夫だとバレエ団を安心させたかった。

そして配信開始から2ヶ月。チケット完売という結果が手に入った。

「これでようやくわかってもらえる」

そう思っていた。しかし実際はそう甘くなかった。「変化をしていく」というのはこんなにも難しいものなのかと痛感した瞬間だった。

正直に言うと、YouTubeのネガティブコメントだけでなく、バレエ団のOB・OGや関係者、ダンサーの保護者、古くからのバレエ団の支援者から、不安や心配の声がたくさん届いていた。

「あんなの芸術じゃない。YouTubeはやめろ！」

そんな声もあった。

他にも、ここには書くことが出来ないような問題も多々あった。

そのすべてにバレエ団の運営陣が対応し、なんとか収めてくれていた。しかしついに収まりきらなくなってしまった。その結果、この話し合いの場が設けられたというわけだ。


人は変化を恐れる。それは人間の防衛本能だ。

元々は練習風景を公開することすらタブーとされてきたバレエの世界で、ダンサーの自宅をはじめとしたプライベートや、給料や団費などのお金事情までをも赤裸々に映す。間違いなく前代未聞であり、一部の人にとっては「あり得ないこと」だったのだろう。

「これ本当に大丈夫？」

客観的に見るのと、当事者として受け止めるのでは、感じ方も大きく違う。関係者ほぼ全員が不安を抱えながらなんとかここまでやってきた。しかしその不安がここにきて爆発してしまった。初めて運営陣から、動画の内容についての大きな方向転換の要求が来たのだ。


「方向転換しても動画への注目度は変わらないはずだ」

そんな考えもバレエ団側にはあったのだろう。

でも僕は確信していた。方向転換したらすぐに動画は見られなくなる。ありふれたプロモーション動画では視聴者の心を動かすことは出来ない。そもそもバレエ団がやりたい方向性で上手くいくなら最初からそうしている。それが難しいから、色々な無理をしながら、本来ではあり得ない部分にまで踏み込み、カメラを向け、動画を公開してきた。絶対に成功させたいから、あえてリスクがある方に進んだ。

クライアントの言う通りに動画を作った方が正直ラクだ。そうすれば、もし失敗しても「僕はあなた方の言う通りに作っただけです」と言い訳できるからだ。

でも、それはしたくなかった。言う通りに作っても結果が出ないのは目に見えていたし、結果が出なければ誰も幸せにならないからだ。

バレエ団がなんとか捻出した動画の制作費、忙しい中で撮影に協力してくれたダンサーたちの時間が無駄になって終わりだ。

望む結果が出ないことはわかり切っているのに、相手にはそれを隠して、

「なんとなくいい感じの動画が出来ましたね」

そんな風に自己満足で終わるのは絶対に嫌だった。

話し合いは3時間にわたった。なぜプライベートを出すことが必要なのか。なぜネガティブ面にフォーカスするのか。改めて一から説明した。いや、反省を込めて厳密に言えば今までの説明が足りなかったのだ。

「大丈夫です！　信じてください」

振り返れば僕はこれしか言っていなかった。とにかく熱量を伝えるのが一番大切だと勘

違いしていた。半年近く密着取材しても、僕がバレエの面白さを理解し切れないように、バレエ団だって動画でプライベートやネガティブ面を出す意図を100%理解するのは難しい。

「バレエ団からしてみると、毎回週刊誌の記者が取材に来ているような感覚なんです」

運営担当者に言われたこの一言は今でも強く覚えている。

僕があまりにもネガティブ面にフォーカスするので、そんな風に感じてしまったのかもしれない。

辛かった。悲しかった。思いが届いていないことが悔しかった。

「取材対象者を幸せにするために」と本気で作った動画が、真逆のカタチで相手に受け取られていた。

「辞めたい」

言われた瞬間はそう思った。どんなに反響はあっても、結局取材対象者が幸せになっていなければ僕も嬉しくないし、幸せを感じられない。テレビのディレクター時代のように、また何のために動画を作っているのかわからなくなるのは嫌だった。

結局、結論は出ないまま話し合いは終わった。

家に帰ると、体に力が入らなくなった。自分がやっていることに急に自信が持てなくなってしまった。

心を落ち着けるために、尊敬する先輩ディレクターに電話をかけた。

事の経緯を一から説明し、どうするのが正解だったかを尋ねた。

先輩ディレクターは優しい言葉をかけてくれた。正解どうこうよりも僕の頑張りを褒める言葉をたくさんくれた。正直そう言ってくれることをわかっていて電話をかけたところもあった。何の解決にもなっていないが、少し心が落ち着いた。

いつもなら寝る前に少し編集作業をするのだが、この日はやる気が起きなかった。

なぜそれをやるのか？　が見えないままだと、行動の原動力は生まれない。

「仕事だから」と言われればその通りなのだが、僕にはそんな割り切り方は出来なかった。

動画を作る意味が自分の中にあるから、人一倍頑張れていたのだとわかった。この日はどうしても頑張れないまま、長い夜が更けていった。

結論

「方向性を変えるのであれば、僕が密着撮影を続けることは出来ません」

後日、バレエ団にこう伝えた。

方向性を変え、当たり障りのない内容の動画を撮って配信を続ける。もしかしたらそんな選択肢もあったかもしれない。

でも、そうしてしまっては、「良い結果」を保証できなかった。傲慢だと言われるかもしれないが、自分が出来る最良のかたちでバレエ団に貢献したかったし、そうすることが最終的に全員が幸せになる方法だと信じていた。

方向性を変えるのであれば、僕らではなく別の会社と組んで動画の配信を続けてもらった方がお互いにベストだと正直に伝えた。

しばらくしてバレエ団側から返事が来た。

結論からいうと、今まで通りのスタンスで密着撮影を続けることになった。

真意は聞いていないので、今でもわからない。

とはいえ、このまま同じようなスタンスでいたら長くは続かないだろうと思った。そして、僕がバレエ団の意向を完全に無視して続けていくのも何か違うなと思った。向こうの望む通り、もう少しバレエというものに正面から向き合ってみよう。自分の信じるものを変えずに、バレエ団の意向にも寄り添える、そんな可能性を探ってみようと思った。

現状は、バレエ団のプロモーションチャンネルであるにもかかわらず、踊っているシーンがとても少ない。

前述の通り、それはバレエを知らない僕のような人にも見てもらうための策だったのだが、そのための第一段階は、まずまずの成功を収めたと言える。

「どうにかしてバレエの踊り自体を見てもらえて、興味を持ってもらえるようにする方法がないか」

撮影を始めて半年。改めて考えてみた。

バレエにはセリフがない。

僕はこの点がとにかくバレエ初心者にとって高いハードルになっていると思う。この考えは密着を始めてから、現時点まで変わっていない。

セリフのみならず、ナレーションや解説も基本的にないので、物語についていけない。動きや表情が何を意味しているのか、理解するのが難しい。これは決してバレエをディスっているわけではなく、あくまでバレエ初心者の一意見である。

そして動画を作る上でのハードルがもう一つ。

これは動画を編集していて感じたのだが、バレエにおいて何が「ダメ」で、何が「良い」のかが初心者にはわからないことだ。


サッカーなら、ゴールを決めればすごい！

野球なら、ホームランを打てばすごい！

フィギュアスケートなら、4回転出来ればすごい！


というように、これらのスポーツは細かいルールを知らなくてもある程度楽しめる。

一方でバレエは、とにかくジャンプが高ければ良い、グルグルと何回転も出来れば良い、ということでもないらしい。細かい足先・指先の動き、姿勢などが正しくなければ、どんなに高く跳んでも、何回転しても「良いね！」とはならない。


「胃が落っこちてる！」

髙部先生が練習中によくする指摘だ。

「どういうこと!?」

初めて聞いた時僕はハテナがいっぱいだった。実を言うと、今もどういう意味なのかはちゃんと理解していない。

バレエというものを真正面から撮影し、物語を作ろうと思うと、ひたすらバレエのことを解説する動画になってしまう。やはり、密着を始める前に懸念していた部分に戻ってきてしまい、堂々巡りとなる。結局、良い改善策が思いつかないまま、『くるみ割り人形』公演の劇場入りの日を迎えてしまった。

『くるみ割り人形』禁断の舞台裏

↑密着動画

「もし緋奈子さんが嫌だったら、撮影した動画は出しません」

バレエ団に密着を開始して初めての本公演『くるみ割り人形』の本番終了後、劇場の楽屋で涙を流すバレリーナにカメラを向けながらそんな言葉をかけた。相手は山口緋奈子さん。学校公演の時に密着させてもらったバレリーナだ。

遡ること4日前。日比谷公園の目の前にある日生劇場で撮影中の出来事だった。

バレエ公演では「ゲネプロ」と言って、本番の数日前に劇場入りして、頭から最後まで本番と同じように踊り、最終チェックをする。

「緋奈子さんの仕上がりが良くなくて……」

ゲネプロの当日、全部で1300席ある日生劇場の客席で髙部先生にそう言われ、僕は驚いた。

元々は、森脇さんと石川さんの主役初挑戦コンビが一番不安だと聞いていた。だから僕はその二人に密着していた。しかし、本番を前に、不安の対象が変わった。

前述の通り、『くるみ割り人形』の前半の主役は石川さん演じる少女クララと、森脇さん演じる王子だ。

クララがクリスマスプレゼントにもらったくるみ割り人形は、実は悪役・ねずみの王様の呪いで人形に姿を変えられたお菓子の国の王子だった。クララの機転でねずみたちの襲撃から間一髪で逃れた王子は、呪いが解けて元の姿に戻る。そして舞台の後半では、助けてもらったお礼に王子がクララをお菓子の国に連れていく。そして、金平糖の女王をはじめとしたお菓子の妖精たちがクララをもてなしていく。

この後半の主役、金平糖の女王を演じるのが緋奈子さんだ。緋奈子さんは入団10年目で、主役を何度も踊っている。経験値としてはバレエ団トップクラスである。

しかし、どうやら彼女の苦手な部分と、今回の役の踊りの相性が良くなかったらしい。

そこで僕はカメラの焦点を緋奈子さんに向けることにした。

もしかしたらすごく性格が悪いように見えるかもしれないが、ドキュメンタリーとはそういうものだ。

大きな壁にぶつかる人ほど物語があり、魅力的に見え、視聴者が興味を持つ。

完璧な人が完璧に舞台をこなす。もちろんそれはすごいことだ。そういうドキュメンタリーの描き方もあるかもしれない。

でも僕はやっぱり、苦戦・苦悩・葛藤する人を撮りたい。人の不安や悩みにこそ人は共感し、応援し、興味を持つと考えている。僕自身がそうだから。そして何より、大きな壁を乗り越えた瞬間の人間はとてつもなく魅力的だ。

とはいえ、本人は撮られたくないに違いない。どうせ撮られるなら上手くいっている姿を撮られたいし、たとえ失敗した部分があったとしても成功した瞬間だけを切り取ってほしいはずだ。

このどうしたって相容れない「撮る側」と「撮られる側」の関係性。これこそが密着撮影の一番難しいところだ。


「率直に今の気持ちを聞かせてくれませんか？」

最終リハーサルが始まる1時間前。ウォーミングアップのためのレッスンを終えた緋奈子さんに聞いた。

「撮影させてもらえませんか？」とは絶対に聞かない。そこで「NO」と言われた瞬間もうカメラを向けることが出来なくなってしまうから。

「カメラ嫌だな」と思われていることを承知で取材対象者に近づく。密着撮影をしていて一番心が締め付けられる瞬間だ。でも、僕が撮らないと他に撮る人がいない。この様子を収めることが最終的に取材対象者である緋奈子さんにとってプラスに働くことを僕だけが知っている。だからその場の「気まずさ」より、未来に待っている「良い結果」を取りに行く。

「自分が思ったように仕上がらなくて……」

緋奈子さんの声はびっくりするくらい小さかった。余裕がないことが理解できた。学校公演の時のような天真爛漫な緋奈子さんはいなかった。今すぐにカメラをおろしてその場を離れ、そっとしてあげたかった。でもカメラを向け続け、質問した。

「高部先生から色々聞いてきました。絶対に邪魔になるようなことはしないので、遠くからカメラを向けても良いですか？」

普段は絶対に聞かないが、聞かざるを得なかった。もしカメラを向けることがさらに緋奈子さんを追い込むことになり、舞台のパフォーマンスに影響を与えたら……と思うとどうしても聞かずにはいられなかった。

緋奈子さんは何も答えなかった。いや、答えられなかったように見えた。

本音を言えば撮られたくない。でも私が断ったら渡邊さんが仕事にならないし――そんな彼女の優しさが垣間見えたような気がした。もしかしたら僕の勝手な希望的解釈かもしれないが。

真実はさておき、そんな彼女の優しさに対して、撮れ高ばかりを気にしてカメラを向ける自分に少し恥ずかしくなった。「カメラを下ろした方が良い」ともう一人の自分が言ってくる。でも「NO」と言わなかった緋奈子さんの優しさに託《かこつ》けて、カメラを向けることを勝手に決めた。そんな僕に対して緋奈子さんは無理した様子で笑顔を作り、最終リハーサルへと向かった。

最終リハーサル終了後。

「振付を変えましょう」

本番を踊るステージの真下にある地下のリハーサル室で、緋奈子さんと高部先生の会話をピンマイク越しに聞きながら、本人たちがギリギリ気づかない少し離れた場所でカメラを向けていた。

「高いチケット代を払って観に来ているお客さまに、失敗を見せるわけにはいかない。もちろん挑戦したい気持ちはわかるけど、バレエに一か八かはないから」

いつもの温和な雰囲気とは程遠い、張り詰めた表情をした髙部先生が、緋奈子さんに畳み掛ける。髙部先生の言葉に無言で頷く緋奈子さん。

厳しい世界だ。サッカーや野球だったら、たとえ1回失敗しても、次のチャンスで点を決めれば、ホームランを打てば失敗は帳消しになる。しかしバレエに失敗は許されないのだ。

「ここの回転を変えましょう」

バレエ素人の僕には正直どこがどう変わったのか、細かくはわからなかったが、おそらく難度を少し下げたのだろう。

「こんな直前に振付を変えることがあるんですね」

髙部先生との入念な最終確認を終えた緋奈子さんに恐る恐る声をかけた。

「悔しいです。でもお菓子の国の世界観を壊すわけにはいかないので……」

厳しい表情から、本当は元の振付のまま挑戦したいという気持ちがひしひしと伝わってきた。とはいえ、少しでもそれとわかるような失敗をすれば、お客さんは物語の世界から現実世界へと引き戻されてしまう。

自分の気持ちより、お客さまファースト、それがプロバレエの世界なのだと身に染みて感じた。

バレリーナの涙

『くるみ割り人形』本番当日。

初めてバレエ鑑賞に行った時に、劇場があまりにも日常とかけ離れた空間であることに驚いた。

しかし、今回は非日常を楽しむ側のお客さんではなく、演者側の立場で取材をしている。一番びっくりしたのは、準備運動するダンサーたちを撮った時だ。初めて舞台上から客席を見た。ものすごい迫力だった。

「ここが満席になって1000人以上のお客さんから視線を向けられたら緊張で気絶するかも」

素人丸出しの感想を抱いた。

当たり前のことだが、この舞台に立って踊れるだけでもすごい。彼女たちを改めて尊敬した。

「とにかく邪魔にだけはならないようにしよう」

本番直前は、普段とは比べ物にならないくらい張り詰めた緊張感が満ちていた。

こんな日の撮影はとにかくお腹が痛くなる。神経がすり減る。密着取材としてダンサーたちに聞きたいことは山ほどある。しかし、今日のような本番当日は気安く声をかけられない。集中を途切らせてしまっては申し訳ないからだ。普段はガツガツ質問するのだが、こういう日は必要以上に慎重になる。

「今声をかけるのはやめとこう。後で聞こう」を繰り返した末に「結局聞けなかった……」と後悔することばかりだ。


本番が始まった。僕は真っ暗な舞台袖にいた。

「舞台袖には〝なるべく〟入らないように」

事前に劇場の人に言われていた。舞台袖はダンサーが出入りするので、人口密度が高く、とにかく暗い。その状況でぶつかったりしたら危ないから、なるべく人を入れたくないのだ。

とはいえ、舞台に出ていく直前の表情は密着取材動画においては必須とも言えるほど重要な画である。「なるべく」ということは「絶対にダメ」ということではない。一休さんのトンチのごとく変換し、ダンサーたちの目に入らない場所を舞台袖に見つけカメラを構えた。

『くるみ割り人形』で金平糖の女王を踊る山口緋奈子さん

緋奈子さんの出番直前。その表情をカメラで捉えた。僕の存在にまったく気づかないくらい集中していた。

舞台袖から舞台上へ出ていく。オーケストラの演奏と会場からの拍手が鳴り響く。

1200人のお客さんの視線が緋奈子さんに集中する。前日に見せた不安そうな表情が嘘のように、堂々と舞い踊る。

「綺麗だな」

緋奈子さんの踊りを見て素直にそう思った。彼女のメインパートが終わると再び拍手が巻き起こった。僕の目にはとても失敗したようには見えなかった。高部先生の心配も杞憂に終わったのだと思い、安心した。

そして、2時間半にわたる舞台が終わった。会場からは拍手が鳴り響き、幕が降り始める。

カーテンコールも終わり、お客さんから舞台が完全に隠れた次の瞬間、深刻な顔をした髙部先生が緋奈子さんの方へ近づくのが見えた。

どうしたんだろう。舞台は成功して、お客さんもあんなに拍手をしていたのに。そう思いながら、僕は反射的にカメラを向けた。緋奈子さんの元へ辿り着いた髙部先生の声がピンマイクから聞こえる。

「断然練習量が足りなかった。次の回は出ない方が良いくらいだと私は思う」

本番が終わった直後、厳しい指摘が入った。どうやらプロの目から見ると緋奈子さんのパフォーマンスは成功とはいえないものだったようだ。

終わってすぐにそんな厳しいことを言わなくても……。正直そんな風に僕は思った。でも髙部先生にも譲れないものがあるからこそ、幕が降りた後すぐのタイミングで話すのだろう。お客さんも決して安くはない金額を払って舞台を観に来ている。お客さんに対して満足のいくパフォーマンスを届ける責任がバレエ団のトップにはあるのだ。


「すべては私の責任、私の甘さです」

緋奈子さんは楽屋に戻り、撤収作業をする舞台上を横目に、髙部先生が話してくれた。

「でも、言わないと成長しないと思うので、あえて厳しい言葉をかけるようにしているんです。2公演目もありますし、今日の出来で満足しないように」

プロとしてパフォーマンスが十分でなかったことを本人たちに自覚させる。それも芸術監督の仕事ということだ。少し疲れた表情をした髙部先生に別れを告げ、僕は緋奈子さんの楽屋へと向かった。

「少しだけ話せませんか？」

衣装から着替え終わり、帰り支度をする緋奈子さんに声をかけた。

断られるだろうと思っていたが、「いいですよ」と誰もいない楽屋に案内してくれた。

カメラを向ける前に、啜り泣く緋奈子さんの声が聞こえてきた。本人にとっても悔しい結果だったようだ。

なんと声を掛ければ良いのかわからなかった。自分の引き出しをすべて開けるも、ベストな言葉が見つからない。

僕的には良かったと思ったんですけどね——そんな安い言葉はきっといらない。泣いている彼女に何か質問するのも違うなと思い、率直に自分が思ったことを伝えることにした。

「実は僕、元々はバレエダンサーさんたちと同じように表舞台に立つような仕事をしたかったんです。お笑い芸人なんですけど。舞台に立って漫才してお客さんを笑わせたりしたかった。でもすぐに諦めてしまって……」

涙を拭いながらも、緋奈子さんは真剣に僕の話を聞いてくれていた。

元々は表舞台に立ちたかったけどできなかったこと。でも、自分が焦がれた芸人に関わる仕事をしたくてテレビ業界に入ったこと。そうして今は表に立つ人たちの力になるために、裏方として動画を作っていること。全部話した。

「今回の一連の出来事は動画で公開されますか？」

緋奈子さんが心配そうに僕に聞いた。

「やっぱり嫌ですか？」

そりゃ嫌だろう。わかりつつも聞いてしまった。涙目で無言になる緋奈子さん。

「動画は出さないでください」ではなく「出ますか？」と質問形式にしていたことから、絶対にダメではないという気がした。

「もちろん緋奈子さんが嫌だったら、無理には公開しません。でも僕は、絶対に良い動画にする自信があります。それは決して再生回数が稼げるとか、そんなことではないです。僕は悩んでいる人、葛藤する人、苦悩する姿に魅力を感じるんです。そんな姿を見ると人は応援したくなると思うんです。それがバレエに興味を持つことに繋がると思うんです。失敗をしている姿を見せたくない気持ちはめちゃくちゃわかります。僕も緋奈子さんの立場だったら嫌だと思います。でも絶対マイナスにはならないと思うんです」

緋奈子さんは僕の一言一言を頷きながら聞いてくれた。

今までの自分だったら「絶対に大丈夫です。安心して任せてください」とただただ伝えるだけだった。でもそれでは本当の思いは伝わらないということを学んだ。

だからすべてを話した。もしかしたら「この人は何言ってるんだろう」と思われるかもしれない。話せば話すほど、説得っぽくなって逆効果になるのではないか、そんな怖さもあった。

話し終わると、緋奈子さんの表情が心なしか明るくなったように見えた。何かが伝わった気がした。僕がそう思いたかっただけかもしれないけど。

2ヶ月後。

緋奈子さん了承の上、すべての様子がYouTube上に公開された。

「緋奈子さん、負けずに頑張ってほしい！」

「私もうまくいかないことたくさんあるけど、この動画で勇気もらいました！」

「次の緋奈子さんの舞台、絶対に観に行きます！」

動画公開後、緋奈子さんを応援する声が、コメントがたくさん集まった。

正直、緋奈子さんじゃなければ絶対に公開することはできなかったと思う。彼女の勇気に感動し、そして感謝した。

前代未聞の挑戦

１２００席×6公演のチケットが完売した『くるみ割り人形』公演から3ヶ月後。

バレエ団が前代未聞の挑戦を始めた。

東京タワーを舞台に「バレエダンサーにバレエ以外のジャンルの踊りを踊らせる」という公演らしい。

「バレエを知らない人にも興味を持ってもらえる公演にしたいんです」

一体どういうことなのか。最初、高部先生に話を聞いた時はイメージが湧かなかった。

詳細はこうだ。バレリーナの身体能力と最新映像技術を使って、ジャズやコンテンポラリー（現代舞踊）など、他ジャンルのダンスにも挑戦するという公演らしい。

依然としてわからないことだらけだったが、一度会場の下見に行くというので付いて行くことにした。

東京タワーの5階。そこには最新技術を駆使したステージがあった。巨大なＬＥＤの映像スクリーンがステージの背景、左右両端、さらに床に設置されている。ここに好きな映像を流しながら踊ることが出来るという。

↑密着動画

「面白くなりそうだな」

会場を見てすぐにそう思った。

バレエ団の公演としての引きがどれぐらいあるものなのかは僕にはわからないが、動画ディレクターとしての目線で言うと、めちゃくちゃ映える画が撮れそうなシチュエーションだ。老舗のバレエ団が最新技術を使ったエンタメに挑戦しているというギャップも、物語としてこの上ない流れだろう。

「この斬新な挑戦を密着動画として公開すれば『くるみ割り人形』のチケットが完売したように、東京タワー公演でも良い結果が出るだろう」

と考えた。

しかし、そんな淡い僕の期待はすぐに打ち砕かれることになる。

22歳、週5バイト「私は恵まれてます」

東京タワー公演で、大役に大抜擢されたバレリーナがいた。広島から上京し、週5日のカフェでのバイトとバレエを両立する森岡恋さんだ。

東京タワー公演は、15個の短い作品をテンポ良く見せていくという構成で、そのうちの一作品でソロを踊るダンサーに選ばれた。

「恋ちゃんは身長というハンデはありますけど、アメリカのプロバレエ団にいたこともあって技術はピカイチですし、何より『こういう踊りをしたい』という強い気持ちが彼女にはあるんです」

同じように小柄な体格のハンデを現役時代に感じてきた髙部先生は、自分と同じ境遇の恋さんに大きな期待を寄せているようだ。

恋さんが踊るのは「ジャズダンス」。髙部先生の友人でもあるジャズの先生が振付を担当し、バレエの動きを織り交ぜたジャズ作品に仕上げるというのだ。

「ジャズダンスはやったことないですけど、新しいことやるのはすごく楽しみです」

初めての練習に向かう道中で、恋さんは笑顔でそう話してくれた。

↑密着動画

「なんだかよくわからないけどすごい！」

恋さんの初練習を撮影した時の僕の感想だ。バレエと同じく、ジャズダンスを撮影するのも初めてだったのだが、恋さんの踊りはそんな素人にもどこかワクワクを感じさせてくれるものだった。

美味しそうなご飯、美しい景色、かわいい動物。

この世界には、自然とカメラを向けたくなる対象物というものがある。そしてそれらは見る人を惹きつける。だからテレビ番組でも、グルメ番組や動物番組、世界の絶景を見せる番組は視聴率が高い。

それに近いものを恋さんの踊りには感じた。何がすごいのかはわからないけど、自然とカメラを向けたくなる。思わず見続けてしまう。そんな感覚だった。

「だいぶ家具が増えました。前に来た時より一人暮らし感が出てませんか？」

東京タワー公演の本番2週間前、練習後に恋さんの自宅を訪ねた。家賃6万4000円。入団して間もない頃に撮影した時は引っ越した初日だったこともあり、家具も何もなく声が響き渡る殺風景なワンルームだった。

あれから4ヶ月が経ち、部屋は様変わりしていた。冷蔵庫や洗濯機、部屋の奥にはマットレス、小さな棚など、生活するために必要最低限のものが揃っている。

「出費がかさんで大変です」

相変わらず続けているカフェのバイトで貯めたお金を、家具や家電の購入費用に充てているそうだ。もちろん生活費もバイト代から捻出しないといけないため、収支はカツカツだという。

そんな状況にもかかわらず、僕が見ている限り、恋さんは大変そうな素振りを一切見せないし、愚痴や不満などネガティブな言葉も発しない。その健気な姿に、撮影の度に感心させられる。

「今日はプルコギを作ります」

出費を抑えるために、毎食自炊をしているという。練習後の疲れた体に鞭を打ち、一人暮らしサイズのちっちゃな冷蔵庫から小分けに冷凍された手作りのおかずを取り出した。まな板を置くのがやっとの幅しかないキッチンでフライパンを振る。その姿を見て、手取り18万円で常に金欠だったAD時代の自分を思い出した。

「お米はおばあちゃんが広島から送ってくれるので助かっています」

そう言いながら米櫃からお米を取り出し、シンクで研ぎ始めた。

恋さんにとって、入団後初めての公演となった『くるみ割り人形』では「コールドバレエ」と呼ばれる群舞のパートを担当した。20人で息を合わせて踊り、列の揃い具合の美しさなどを魅せるバレエの見どころの一つだ。周りと揃えて踊らないといけない分、練習量も多い。

しかし、ソロで踊る役に比べ、集団の中の一人であるコールドはギャラが安い。公演によりバラつきはあるが、安い時で1公演3万円ほどのこともあると聞いた。

1日で3万円と考えれば十分なようにも聞こえるが、バレエは基本的に練習（稽古）にギャラは支払われない。2ヶ月以上の練習期間を含めての3万円なのだ。お世辞にも十分とは言えない。恋さんがバレエだけで生活できるようになる未来は、まだまだ遠いように思えてしまった。

「渡邊さんもご飯食べますよね？」

恋さんは僕の分までご飯を用意してくれた。折りたたみ式の小さなテーブルに二人分の食事が並ぶ。カメラを向けられているため若干恥ずかしそうにプルコギを口に運ぶ恋さんの様子をある程度撮ったところで、一旦カメラを置いて僕もプルコギをいただいた。甘辛い味付けで、おばあちゃんが地元の広島から送ってくれたという白飯が進んだ。10分ほど雑談を交えながらご飯を食べ進めたところで、一番聞きたかったことを聞いた。

「日本のバレエ団に入って半年経ちますけど、この現状をどう思っていますか？」

元々はアメリカのプロバレエ団員だった恋さん。固定の給料が出ていて、もちろんバイトをする必要もなく、バレエだけに打ち込める生活をしていた。そんな環境とは大きくかけ離れた〝日本のプロバレリーナの現状〟をどう受け止めているのか。

「私、小さい頃から根性だけはあるんです。だから、主役を踊れるようになるまで諦めるつもりはありません。日本だろうと海外だろうとプロとして主役を踊るのが小さい頃からの夢なんです」

箸を止め話し始めたその言葉の一つ一つは、とても力強いものだった。その一方で、そう自分に言い聞かせているようにも感じ取れた。

「お米はおばあちゃんが送ってくれるし、応援してくれる人もたくさんいる。十分恵まれていると思うんです。だから今のこの環境に感謝しながら頑張りたいです」

22歳という若さで、バイトと両立しなければ踊ることができない今の環境を憂うことなく、むしろ感謝しているとまで口にできる。並大抵のことではないと思った。

社会で言えば新入社員程の年齢だろう。会社や上司に対して、愚痴や不満が溢れ出る年頃だ。カメラで撮られているから〝良いこと〟を言おうとしているわけでは決してないのがよくわかる。

密着撮影の仕事をしていると、明らかにカメラの存在を意識して、かっこいいことや綺麗事を言おうとする人に多く出くわす。しかし、そんなものは声のトーンや表情、喋る単語の一つ一つのチョイスなどですぐにわかる。本音と建前、不思議と見分けがつくのはディレクターという仕事をするようになってから身についた技術の一つかもしれない。そんな僕から見ても、恋さんが本音で喋っているのは明らかだった。

でも、主役になってもバレエだけで食べていけるとは限らないですよね？

それなのにそこまでして主役を目指す理由はなんですか？

なんでそんなに頑張れるんですか？

そう聞こうと思ったが、今の彼女にこんなことを聞くのはあまりにも野暮だと思い止めた。ここまでの取材を通して、僕がどうしても気になっているこの問い。できればこの取材を通して答えを見つけたいと願っている。

だけど、これを恋さんに聞くのは、彼女の今の望みが叶った時——将来彼女が主役に選ばれた時にしようと思った。

チケットが売れない！

老舗バレエ団の新しい挑戦となる東京タワー公演。しかし、いざチケットが発売されると、売れ行きはイマイチだった。

「マジか……」

バレエ団の人たちと同じくらい落ち込んだ自信が僕にはある。

前回の『くるみ割り人形』の公演が完売したこともあり、バレエ団は公演数を強気の15回に設定した。とはいえ、会場は東京タワーの5階で席数も150席だ。『くるみ割り人形』の時は、1公演1200席だったことを考えると完売させるのは夢のような話ではない。

僕は毎日のようにチケットの売れ行きをバレエ団のHPで確認していた。なかなか売れないのがとても悔しかった。

目の前で毎日の練習を見ていた。高部先生をはじめとする講師陣が公演について真剣に考えている姿を見ていたし、運営陣が徹夜で作業をしていることも知っていた。だから売れないことが自分ごとのように悔しかった。東京タワー公演用の短いPR動画を作ってみたりもした。密着動画上に、チケット販売の誘導もたくさん入れた。それでもダメだった。

実はこの時、動画の再生数も最初に比べ大きく減っていた。YouTubeチャンネルを始める人の数はどんどん増えて、レッドオーシャン化している。チャンネルが増えれば動画の数が増える、動画の数が増えれば、一動画ごとの再生数は分散される。だからYouTubeの難度は日に日に上がっていると言える。かつては100万再生を連発していたチャンネルも、直近の動画は数千回しか再生されていない。そんなことが日常茶飯事だ。栄光からの転落。それに耐えられず、活動を休止するYouTuberもたくさんいた。日々ライバルが増え続けていること以外にも原因はあった。

「飽き」である。

最初は珍しがって見てもらえる。今までにない動画を面白がってもらえる。でも、人はすぐに飽きる生き物だ。次々と新しいコンテンツが産み出される今の時代、視聴者の興味は驚くような速さで移り変わり、新しい刺激を求め続ける。時代の流れに適応しながら常に変化を続けられたYouTuberだけが生き残れるのだ。

今までにない生々しさでバレエ界のリアルに切り込んだことで、最初は珍しがって見てもらえたこのチャンネルも、時間の経過とともに飽きられつつあるのかもしれない。

変化し続けなければ生き残っていけない。

この課題はバレエの世界そのものにも置き換えられる気がした。伝統芸能として、古くからの慣習やしきたりを守ることも大切だろう。しかしそれだけで本当に良いのか。

美徳だけを追求することは、ある種の「停滞」と言えるのではないか。時代の変化に合わせることで、より面白いものへと昇華出来るタイミングがあったのではないか。

もちろん僕はバレエの素人だから、当事者からすれば外野の浅はかな考えだと思われても仕方がないかもしれない。でも、どうしてもそう考えてしまう自分がいる。それは、かつて僕自身も時代の流れに取り残される悲しさを経験していたからかもしれない。


僕は元々テレビ業界にいた。ご存知の通り、ここ十数年で動画を見るデバイスがテレビからスマホへ急激に変化したが、テレビ業界はそんな時代の流れに対応するのが遅かった。だから若者がテレビを見なくなり、スマホで見られるYouTubeや配信プラットフォームが台頭した。

僕は、自分がかつて憧れたテレビの華やかな世界が「オワコン」と言われ始めたことが悲しかった。芸人さんたちが輝く夢の舞台だったはずなのに……。

だからこそ、今目の前にあるバレエ界の状況に、より悔しさを感じた。

老舗のバレエ団が「変化」として選んだ東京タワー公演。そのチケットが完売しなかったことが、谷桃子バレエ団の勇気ある挑戦を成功という結果に持っていけなかった自分が不甲斐なかった。


「まだ挑戦の第一歩目ですから。後悔はしていません」

すべての公演が終わった後、東京タワーのステージのバックヤードで、髙部先生が晴れやかな顔でそう僕に言った。強い人だなと思った。長くバレエ界にいて輝かしい実績も立派な肩書きも持っている髙部先生こそ、変化に対して一番拒絶反応を起こしてもおかしくないはずなのに、口癖のように「まずは私が変わらないと」と言って前へ進もうとしている。

「いつか給料制にできたら」「バレエだけで食べていけるようになったら」

密着当初に髙部先生が言った言葉が蘇る。今は僕も同じことを思っている。もちろん髙部先生の強い気持ちには到底及ばないだろう。

でも、この動画が何か変化のきっかけになってほしい——。

そんな思いでカメラを向け、取材対象者の思いをしっかりと脳裏に浮かべながら編集をするようになった。テレビ時代に総合演出を満足させるためだけに作っていたあの頃の自分とは別人のように。

チケットを完売させることができなかった悔しさが募る一方で、自らの考え方の変化に少し嬉しさを感じた。

週5バイトから主役へ
世紀の大抜擢

2023年秋。配信開始から5ヶ月。

木々の葉が色づき始めた季節の変わり目に、びっくりする連絡がバレエ団から届いた。

「恋さんが新春公演の主役に選ばれました」

毎年1月に行われる新春公演は、バレエ団の中で最も規模が大きな公演である。

舞台は東京文化会館。上野駅から徒歩30秒の場所にあるバレエ公演の聖地とも言われる劇場だ。ミュージシャンが武道館を目標に掲げるように、バレリーナたちは東京文化会館で踊ることを夢見る。席数は約2300席。紛れもなく、日本最大級のバレエ劇場である。

そんな大舞台の主役に、入団してまだ半年の森岡恋さんが選ばれたのだ。

「本当ですか?」

週5バイトから主役へ。あまりにも出来すぎたシンデレラストーリーに少々面食らってしまった。入団当初からずっと密着し続けてきた中で、誰よりも強い心の持ち主だなと思っていた。もしかしたら本当に主役になるかもしれない、密かにそう期待してもいた。それにしても、まさかこんなに早いとは。

「新人が主役に抜擢されるのはよくあるんですか?」と高部先生に聞くと、「バレエ団としても異例のことだ」と教えてくれた。

「どうして恋さんを主役に選んだんですか?」

恋さんの踊りには、バレエ素人の僕が見ても胸踊らされる何かがある。一方で、恋さんより技術も経験もあるダンサーはいるのだ。

「東京タワー公演での実績が大きいです。期待も込めてソロ作品に抜擢したんですけど、そこで期待以上の踊りを見せてくれました。もちろんYouTubeで人気が出ているのも配役の理由の一つですけど、それだけではありません。彼女ならきっとやれる、そう思ったから、他の先生たちとも相談して全員が納得の上で主役に選びました」

そんな恋さんが主役を踊る作品は『白鳥の湖』。バレエを知らない人が「バレエといえば」と聞かれた時にまず思い浮かべるのがこの作品なのではないだろうか。それぐらい有名な作品だ。

悪魔の呪いで白鳥の姿に変えられてしまったお姫様と、その呪いを解くために悪魔と戦う王子の恋物語である。

「一番有名な作品なんですけど、踊る側からすると実はすごく難度の高い作品なんです。何より主役は〝人〟ではなく〝白鳥〟なんです。人間ではない存在を演じるのはとても難しい。もちろんバレエなのでセリフはありません。すべてを踊りと表情でお客さんに伝えないといけません」

この作品の難しさはそれだけではない。主役は、前半と後半で演じる役柄が変わる。要するに一人二役ということだ。王子に恋する白鳥と、その恋を阻む黒鳥。敵同士の二人を一人のダンサーが演じなければいけないのだ。

そして、体力的にもかなりしんどい作品の後半では、最高難度の大技が待ち受けている。新人には荷が重すぎると言っても間違いではないだろう。

そんな精神的にも体力的にも大変な主役に挑むのは恋さんだけではなかった。

「全部で3公演あるので、それぞれに別々の主役を選びました」

公演ごとに主役が変わるのはバレエでは普通だと高部先生が教えてくれた。

一人は谷桃子バレエ団の現役トップバレリーナ、プリンシパルの永橋あゆみさん。この舞台が出産後初めての谷桃子バレエ団の舞台となる。

そしてもう一人は、

「今回は海外からゲストを呼ぶことにしました。イギリスのバーミンガム・ロイヤル・バレエ団のプリンシパルとして活躍されている、平田桃子さんという方です」

ロシアと並びバレエ大国であるイギリス。バーミンガム・ロイヤル・バレエ団とは、王室から認可を受けた、世界的に見てもトップクラスのバレエ団である。なんとそこでトップ階級のプリンシパルとして長年主役を踊ってきた日本人ダンサーをゲストに呼び主役を踊ってもらうというのだ。

「ゲストを海外から呼ぶというのもよくあることです。やはり海外で踊る日本人ダンサーは国内でも人気があって集客力があります。そして何より、世界レベルのダンサーと一緒に練習できることで、団員たちのレベルアップにも繋がるんです」

海外の一流バレエ団で踊るダンサー、しかもプリンシパルともなれば、やっぱり何かが違うのだろうか。だとしても、バレエ素人の僕にそのすごさが理解できるのか。若干不安な気持ちもありつつ、「これは密着のしがいがあるな」と思った。

「入団1年目の新人」森岡恋さん、「43歳の大ベテラン」永橋あゆみさん、そして「海外からのゲスト」として平田桃子さん。

三者三様、見事なまでにバラエティに富んだ配役だ。ここから一体どんな展開になっていくのか、今までにない物語を撮れそうな気がして、胸の高鳴りを抑えきれなかった。

次元が違う イギリスのトップバレリーナ

↑密着動画

「こんなちっちゃなカメラで撮ってるんですね」

まるで子どものように、茶目っ気混じりで、僕が手にもつデジタル一眼を興味津々に見つめるのは平田桃子さん、38歳。イギリスのプロバレエ団で踊るバレリーナだ。

芸術監督の高部先生と同じく、ローザンヌ国際バレエコンクールで奨学金を得て、イギリスのロイヤル・バレエ学校に入学。卒業後、「バーミンガム・ロイヤル・バレエ団」というイギリス王室が認めた国立ならぬ王立のバレエ団に入団した。

身長は１５８センチと小柄で、バレリーナの中では決して恵まれた体格とは言えない。それにもかかわらず世界トップクラスのバレエ団でプリンシパルとして10年踊り続けているのだから、稀有な才能の持ち主であるのは当然のこと、並々ならぬ努力をしてきたに違いない。

谷桃子バレエ団からオファーを受け、ゲストとして『白鳥の湖』で主役を踊るため、20時間以上の空の旅を経て、はるばる日本にやってきたのだ。

「イギリスでもYouTubeは見られるので、このチャンネルはいつも見てますよ」

平田さんは、初対面の僕に対して、そう優しく声をかけてくれた。踊っている時以外の平田さんはとても穏やかで物腰が柔らかい。

「一流のバレリーナ、プリンシパルになるには技術はもちろん、人柄も大切なんです」

いつかのインタビューで髙部先生が言っていたことが、ここにきてより理解できた。

小柄で華奢な体軀の中にも芯が一本通っているかのような力強さを感じる。伸びやかで無駄のない筋肉は彫刻作品のように美しく、背中には鍛え上げられた背筋が浮き出ていた。美術館に飾りたくなる——そんな表現をしても大袈裟にならないくらいの肉体美。バレリーナを見て、踊る前からその人の踊りにワクワクしたのは初めての体験だ。

平田さんが初めてバレエ団の練習に参加したこの日は、本番の2週間前。

こんなに直前で大丈夫なのか。バレエ団員たちは2ヶ月以上前から毎日入念に練習に打ち込んでいたので、素人ながらちょっと心配だった。しかし、平田さんが踊り出すと、僕の心配は吹き飛んだ。

平田さんの練習の様子はYouTubeに公開され、現在100万回以上再生されているものもあるので、それを見てもらうのが一番早いのだが、とにかくすごかった。

これまでずっと、バレエの技術面のすごさをバレエを知らない人たちに伝えるのが難しいと感じていた。

しかし平田さんの踊りを観た瞬間、その考えは吹き飛んだ。

「この人は絶対にすごいバレリーナだ」

あまりにも圧倒的だった。バレエ初心者の僕でも直感的にそう感じられるのだ。説明不要である。ただただ美しく力強い。見ている人を惹きつける何かがある。

カメラを向けながら、世界の絶景を撮っているかのような、そんな気持ちよさを感じた。こんなことは初めてだった。

「見惚れてしまいますね。何か注意するという次元じゃないです」

普段は事細かく指摘をしていく髙部先生も、平田さんの踊りはただ笑顔で見ていた。子どもが戦隊モノのヒーローショーを見るかのように、目をキラキラと輝かせながら。

たった1日平田さんの練習を見ただけだったが、初めてバレエの魅力を真正面から理解できた気がした。そして、そう感じられた自分がなんだか嬉しかった。僕のようにバレエの魅力を知らなかった人に、今僕が感じた感動を同じように味わってほしい。

「バレエを友達に勧められません」

密着を始めた当初、髙部先生に僕が言った言葉だ。あの時の自分にこの平田さんの踊りを見せてやりたいと思った。


練習後、ポワント（バレエのシューズ）の手入れをしている平田さんに聞いた。

「このシューズはイギリスから持ってきたんですか？」

「そうです。うちのバレエ団では無料でポワントが支給されるんです。コールドバレエ

白鳥を踊る平田桃子さん（右）と相手役の牧村直紀さん（左）

（集団の踊り）の子は月に10足まで、プリンシパルになると何足でもいただけます」

　バレリーナの必需品であるポワントは、一足１万円以上する高価なものだ。日本のダンサーたちは生活費を切り詰め、自費でポワントを購入する。１ヶ月もすれば履き潰れる消耗品のため、出費は馬鹿にならない。

　いくら消耗品とは言え、月に10足でもじゅうぶんすぎるように思うが、プリンシパルになると、好きな時に好きなだけポワントが支給されるというから驚きだ。

「他にも日本とイギリスで違うところはありますか？」

「一番違うのは公演数ですね。うちのバレエ団では、年間で１５０公演ほど行います。そもそも日本と海外では、文化が違うというか、バレエというものの捉え方が違う気がします」

　文化が違う。日本と海外のバレエの違いを聞くと、誰に聞いてもそう答えが返ってくる。

10代の頃にイギリスのバレエ学校に留学した平田さん。その頃から「日本ではバレエで食べていけない」と認識していたという。日本に戻ることなく、イギリスのプロバレエ団に入団。そこから海外で20年以上踊ってきた。

平田さんのバレエ団では、プリンシパルだけでなく、60名程いるダンサー全員が完全固定給料制でバレエを踊ることだけで生活しているという。

「日本のようにプロの現役ダンサーがバレエ教室で講師の仕事をすることもイギリスではないんです。そもそも教えをするために免許が必要なので、現役の時は自分の踊りに集中します」

当たり前なのかもしれないが、何から何まで日本とは大違いだ。

さらに驚いたのは、イギリスのバレリーナたちのセカンドキャリアについての考え方だ。

「バレエスタジオを開くことのハードルが高いこともあって、私の知り合いでも現役引退後にバレエの道に進んだっていう人の方が少ない。弁護士になるって決めた子もいれば、お医者さんになるっていう選択をした子もいます」

バレエに限らず、他のスポーツでもアスリートのセカンドキャリアはたびたび問題として挙げられる。バレリーナから弁護士や医師への転身。まったく異なるジャンルへの見事なキャリアチェンジの例に衝撃を受けるとともに、どれだけの努力が必要なのかと、名前も顔も知らないそのバレエダンサーに尊敬の念を抱かずにはいられなかった。

平田さん自身は、自分の今後について考えていることはあるのだろうか。

「早くから第二の人生に向かって進んでいる人たちを見ると、焦ることもありますね。自分のバレエのキャリアがそんなにもう長くはないのはわかっているので。せっかくここまで続けてきたから何かバレエに携わる仕事をしてみたいなって気持ちもありますし、逆にずっとバレエしかやってこなかったんだから、まったく違う道にチャレンジしてみるのもいいかなとも思う。いずれにせよ、自分に合うものを見つけられることを願っています」

あれだけすごい踊りを披露する一流バレリーナでも、僕らと同じように将来については悩むのかと、少しだけ親近感を抱いた。

将来についての話になったのをいいことに、一番聞いてみたかった質問をぶつけた。

「いつか日本に戻ってきて、日本のバレエ団で踊ることはないですか？」

「ないと思います」

即答だった。迷いのない、はっきりとした答え。

もしかしたら日本に戻ってきて踊ることもあるかもしれませんね――。

はっきり明言はしないにしても、それくらいの答えを予想していたので少し面食らってしまったが、こうもきっぱり言われると逆に気持ちが良いなと思った。

「日本のプロバレエ界の状況は、私が子どもの頃から現在までそんなに変わっているとも思えない。もちろん将来の日本のバレリーナたちのためにも、今後良くなることを願っています。でも、この〝環境〟が変わらない限りは、日本に戻ってきて日本のバレエ団に所属して踊っていくということはないと思います」

バレエを知らない人をも魅了する踊り。それができる平田さんのようなすごい人が日本で踊ってくれたら、日本のバレエ界も少し変わるのでは？　とっさに頭に浮かんだそんな甘い期待はすぐに消えることとなった。

そもそも、順番が逆なのかもしれない。まずは日本で食べていける環境が整ってこそ、能力のある人たちが自国で踊りたいと思ってくれる。

経済的な安定という生活基盤がなければ、バレエに打ち込むことが出来ない。100％自分の踊りに集中できる環境があって初めて、さっき見た平田さんのような異次元の踊りが生まれる。

今の日本のバレエ界は悪循環に陥っているのかもしれない。負のループをぐるぐると回っている。そんな風に考えてしまった。

43歳、産後復帰、主役挑戦

↑密着動画

「そのまま引退しようと思ったことはなかったんですか？」

2歳になる娘・ゆなちゃんを保育園にお迎えに行く道中、産後復帰の舞台で主役を踊る43歳のプリンシパル、永橋さんに聞いた。

高校卒業後、すぐにプロバレリーナの道へ進んだ永橋さん。トップバレリーナとして主役を何度も踊り、国からの芸術賞を受賞するなど、輝かしい実績も残してきた。

そして、二度の結婚生活で長い妊活を経験し、41歳の時に念願の子どもを授かった。

前回彼女に密着取材した時は、まだ育児休業中だった。それから半年たった今は、娘のゆなちゃんを保育園に預けるようになり、バレリーナとしての時間を確保できるようになった。そして覚悟を決め現役復帰。

この日の撮影は、『白鳥の湖』のリハーサル後だった。しかし、疲れを見せることなく軽やかな足取りで日が暮れた夜道を歩き、娘が待つ保育園へと向かう永橋さん。その姿は強い母としての一面を覗かせる。

トップバレリーナから母へと姿を変え、ここからはノンストップ、怒濤のスケジュールだ。ゆなちゃんを迎えに行き、夕飯を作り、それを食べさせ、お風呂に入れ、寝かしつける。その合間で洗濯などの家事も行う。ただでさえ過酷なバレエダンサーの仕事の中でも、主役を務める舞台の稽古で消耗する体力は尋常ではないはずだ。そのうえ、家に帰れば子育ての一番大変な時期である2歳の子どものお世話が待っている。

永橋さんの怒濤の1日を垣間見た僕は、もしかすると、長年の苦労の末に愛娘を授かったタイミングが、彼女にとって一番幸せな、この上なく美しい引き際だったのでは？　と思わず考えてしまった。

なぜそこまでして踊るのか。

少し失礼な言い方だが、体に鞭打って踊り続けたとて、大金が手に入るわけでもない。普段の練習も本番の舞台も過酷、これから年齢を重ねれば重ねるほどにしんどいことも増えるはずだ。

そもそも43歳で踊るということ自体、ある種の挑戦と言える。実際、約150人が在籍する谷桃子バレエ団の団員は、講師陣を除くとほとんどが20代だ。30代になるとグッと人数が減る。海外で踊る平田さんでさえ、38歳という年齢で「現役が長くない」ということを口にしていたから、43歳で復帰する、というのがどれだけ異例なことかというのがわかる。

「正直迷いました。復帰はものすごく過酷な道だということもわかっていたし、このまま引退して指導の側に回るべきなのかもしれないとも思いました。小さい子を保育園に預けて可哀想、と言われることもありました。実は復帰してから一度、娘が夜中にすごく泣いたことがあって、そういう時は自分でも『ああ、寂しい思いさせてるのかな』と考えて悲しくなったり。でも、また私の踊りを見たいと言ってくれる人がいる。主役を任せてくれる先生たちがいる。だからまだ辞める気にはなれませんでした」

普段の穏やかで優しい永橋さんとは違う、気迫に満ちた表情と声のトーンに復帰への強い覚悟を感じた。

「私、人生って誰かに生かされているものだと思うんです。タイミングごとに乗り越えるべき試練を誰かに与えられているような感覚。もう一度主役を踊るチャンスが目の前にきたということは、きっとこれは私が乗り越えるべき試練で、その経験がその後の何かにきっと役に立つんだと思うんです」

踊り続ける理由は人それぞれだ。お金でもない、承認欲求でもない、地位や名誉でもない、何かに取り憑かれるような魅力がバレエにはあるのだろう。

とはいえ、出産後の主役復帰、そしてプリンシパルダンサーと子育ての両立は、家族の理解と協力なしにはとても成しえないはずだ。そのあたりは大丈夫なのだろうか。

「夫として、奥様が復帰することをどう思ってますか？」

12歳年下で、プリン屋さんの店長として働く永橋さんのご主人・大修さんにもストレートに聞いてみた。

「本人がやりたいところまでやれば良いと思います。ただ、産後の体の状態は本人にもわからないところがあると思うので、とにかく怪我なくやってほしい。本当にそれだけです」

心が広い。「本当は引退して子育てに集中してほしいです」そんな答えを予想していた自分を恥じる。彼の支えなしでは復帰は難しかっただろう。そう思わずにはいられない答えだった。

「永橋さんを主役に選んだ決め手は何ですか？」

プリンシパルとはいえ、本人が主役をやりたいと言ったからといって、必ずできるわけではない。最終的に配役を決めるのは高部先生である。

「『白鳥の湖』は、白鳥に姿を変えられたオデット姫の悲しみを表現するのがとても大切かつ、難しい作品なんです。だから誰よりも経験があり、表現の引き出しも多い永橋さんが良いと思いました」

表現の重要性は理解できたが、この作品は体力的にも技術的にもかなり難度が高いものだと聞いていた。それでも永橋さん程の技術があれば、産後のブランクがあっても問題なく踊れるものなのだろうか。

「いや、それは相当大変だと思いますよ。筋力も体力も落ちているでしょうし。特に第3

幕で黒鳥のオディールとして王子と踊る場面には連続で32回転する見せ場があるんです。そこが一番の難所になると思います」

高部先生は45歳の時に現役を引退した。

「このまま踊り続ければ歩けなくなる」と医師に言われ、手術を決断。日常生活に支障が出ない体を手に入れる代わりに、プロとしてバレエを踊る道を手放したのだ。そんな壮絶な苦労を経てきた高部先生が「相当大変」と言うくらいだから、永橋さんが進もうとしている道はかなり過酷だということだ。

激痛

↑密着動画

『白鳥の湖』本番2週間前。この日の練習場所はいつもと違った。

普段の梅ヶ丘スタジオの2倍ほどの広さがある目黒の貸しスタジオに、50人を超える団員たちが集まっていた。

目的は通しリハーサル。頭から最後まで本番同様の流れで踊る練習だ。長机とパイプ椅子が並べられ、舞台監督や美術さん、衣裳さんたちが座っていて、いつもとは違う緊張感にスタジオが包まれていた。

「じゃあ、頭からやっていきます」

髙部先生の合図をきっかけにピアノの演奏が始まり、通しリハーサルが始まる。

この日の通しリハーサルは、産後復帰したプリンシパル・永橋さんが主役を踊る公演回だ。

言わずと知れたバレエの定番作品『白鳥の湖』。その名を聞いたことがあっても、どんな物語なのかを知る人は少ない気がする。僕もまったく知らなかった。

舞台はドイツ。悪魔ロットバルトの呪いによって白鳥に姿を変えられてしまったオデット姫と、彼女に恋をした王子・ジークフリートの恋物語だ。

『白鳥の湖』は全4幕、時間にして2時間半の作品だ。

前半の見どころは、永橋さん演じるオデット姫（白鳥）と王子の出会いのシーンだ。夜の間だけ呪いが解け、白鳥から人間の姿に戻ることができるオデット姫。一方、王子は成人を迎え、母親である王妃から結婚相手を決めるようにと催促され困っていた。そんな二人が森の湖畔で出会い、恋に落ちる。オデット姫の呪いを解く方法はたった一つ、〝一度も愛を誓ったことがないピュアな男性〟と、永遠の愛を誓うこと。それを聞いた王子はオデットに愛を誓うと約束し、王妃に結婚の許しを得るため宮殿に戻るが――というストーリーだ。


高部先生の掛け声と共にピアノの演奏が始まる。テニスコート2面ほどの広さがある目黒のスタジオでバレエダンサーたちが踊り出す。

「オデット姫の悲しみを表現するのがとても大切なんです。だから表現の引き出しが多い永橋さんが誰よりも適任なんです」

配役決定時、高部先生に言われた言葉を思い出し、オデット姫を演じる永橋さんに目をやると、思わず彼女の表情にカメラをズームしてしまった。

「遠くてよくわからないな」僕が初めてバレエ公演を見に行った時の感想はこうだった。しかし、間近で撮影する通しリハーサルでは表情の細かい演技までよく見える。

永橋さんは、踊りの技術はさることながら、表情の一つ一つからオデット姫の哀しみや恐れの感情、王子に心惹かれていく様子が伝わってくる、そんな魅力があった。

「10分休憩したら後半行きます」

リハーサル開始から1時間半。『白鳥の湖』の前半が終わった。後半になると、一人二役を演じる主役は白鳥から黒鳥へと姿を変える。

王子と永遠の愛を誓う、というオデット姫（白鳥）の呪いを解く唯一の方法を阻止するため、悪魔ロットバルトの娘・オディール（黒鳥）はオデットそっくりに姿を変えて王子の目の前に現れ、誘惑して愛を誓わせる。主役のバレリーナが清廉な白鳥と妖艶な黒鳥の両方を演じるという演じ分けも、この作品の見どころの一つだ。

黒鳥へと姿を変えた後半の第3幕に、最大の見せ場がやってくる。髙部先生が一番の難所と言っていた32回転である。片足のつま先立ちで32回連続で回転するこの技は、バレエにおいて最も難しい技の一つと言われている。

後半が始まって30分、シーンが最大の見せ場に差し掛かろうとしていた。王子の母親が結婚相手を決めるために、世界各国から花嫁候補を宮殿に招待した舞踏会。そこに姿を現したのが、永橋さん演じる黒鳥・オディールだ。王子を誘惑し、オデット姫（白鳥）と王子の恋を阻もうと企む悪役である。

まずは黒鳥と王子がペアを組んでゆったりとした曲で踊るシーンから始まり、王子のソロ、黒鳥のソロと続く。そして最後に迫力のある曲に合わせて再び二人で踊る場面がやってくる。

舞踏会の客人役のダンサーたちが、永橋さん演じる黒鳥・オディールと王子の周りに立ち、二人の踊りを見守る。高部先生も頷きながら永橋さんの踊りを見つめる。ここまでは概ね問題ない踊りのようだ。順調に進む中、いよいよ32回転のシーンがやってくる。

大勢のダンサーに囲まれる中、黒鳥は舞台中央へと向かう。本番ではお客さんの視線が一気に主役に集まる緊張の瞬間である。

王子を誘惑する妖艶な表情を顔に浮かべながら、助走をつけるように少し体をひねり、回転を始めた。

1回、2回、……

と、その時だった。

3回ほど回ったところで、永橋さんの回転が止まった。先ほどまでの黒鳥らしい余裕に満ちた表情は一変し、苦悶の表情を浮かべながら、稽古場の真ん中で立ち尽くす永橋さん。周りにいる客人役のダンサーたちが心配そうに見つめている。

一体何が起きたのか？　心配な気持ちを抑えつつカメラを構え、苦悶の表情を撮る。

回転が止まった一方で、ピアノの演奏は続いていた。本来なら32回転回り切ったはずのところに曲が差し掛かった時、永橋さんは再び動き出し、少し歯を食いしばったような表情で踊りを再開した。それに釣られるように周りのダンサーたちも通常通り動き出す。

練習後、永橋さんの元に駆け寄ると、テーピングを剝がしながらつま先を指差した。

「電気が流れるような激痛が走って……」

痛みからなのか、それとも悔しさからなのか、永橋さんの目にはうっすらと涙が浮かんでいた。どうやら復帰のためにしていた毎日の個別トレーニングが逆効果となり、オーバーワークで足を痛めていたのだ。回転を始めてすぐに激痛が走り、思わず回転を止めてしまったという。

「妊娠中に15キロ太りました」

半年前、初めての撮影時に永橋さんが教えてくれた。そこから、徹底した食事管理とトレーニングで元の体重に戻した永橋さん。15キロの減量はプロボクサーでも悲鳴をあげるレベルだ。『白鳥の湖』の主役に抜擢されることが決まると、さらに自分を追い込み、衰えた筋肉を元に戻すために、バレエ団の練習後に個別のトレーニングに通っていた。もちろん家事・育児をこなしながらである。

その蓄積した疲労がここにきてピークを迎え、43歳の永橋さんの体に激痛として現れたのだ。

「本人がやりたいところまでやれば良いと思います。ただ、無理はしてほしくないです」

ふと、永橋さんの12歳年下のご主人・大修さんが言っていたことを思い出した。

今思えば、頑張りすぎるであろう永橋さんのことを、本人以上に理解していたのだというこことがわかる。本人はもちろんのこと、復帰を誰よりも応援している家族の気持ちを考えるとますます胸が苦しくなった。

完治するのか――？　本番はもう2週間後である。自分の心配が顔に出ないように抑えながら、不安に包まれた永橋さんの表情をカメラに収めた。

サムネ変えてください

通しリハーサルから十数日後の夜11時。自宅で編集作業をしていた僕の元に、永橋さんから電話がかかってきた。

「夜分遅くにすみません。一つだけお願いがあるのですが……今回の動画のサムネを変えてもらえないでしょうか？」

娘のゆなちゃんを寝かしつけたばかりだという永橋さんは、少し震えた声で僕に言った。

実は先日の通しリハーサルの様子をYouTubeで公開した。そこには痛みで回転が止まってしまう永橋さんの姿も映されていた。

そして、YouTubeのサムネイルには永橋さんの回転が止まってしまう瞬間の静止画と、「激痛」「練習中断」という大きな赤文字を載せた。そんな動画の再生数は過去一番の伸びを記録していた。

「観にきてくれる人たちを不安にさせたくないんです」

永橋さんは電話越しに僕にそう話した。

気持ちは痛いほどわかった。とはいえ僕も、いたずらにお客さんの不安を煽ることを目的にそのサムネイルにしたわけではない。

僕は何よりも、たくさんの人に公演に足を運んで欲しかった。それを実現するために今僕ができることは一つだけ、動画をより多くの人に見てもらうことだ。

そして、大きな壁にぶつかるバレリーナの苦労を知ったうえでお客さんに本番の舞台を観てもらうことで、より深く感動してもらえる、そう思ってあの動画を公開した。

その意図を永橋さんに電話口で伝えた。僕は説明下手だったので、思いが先行して話が長くなってしまった。本番直前の大事な時期に時間を取ってしまって申し訳なく思った。しかし永橋さんはその間黙って僕の話を真摯に聞いてくれた。

電話を始めて15分。

「渡邊さんの気持ちがわかりました」

その声色から、サムネを変えてほしいという永橋さんの気持ちは変わっていない、ということが推測できた。しかし、永橋さんは僕の気持ちを尊重して「サムネはそのままで良いです」と言ってくれた。すごいなと思った。本番直前の余裕のない時期にもかかわらず、自分の気持ちよりも、相手を慮る永橋さんのその姿勢と人柄に、心底頭が下がる思いだった。

最終的にサムネは変えることにした。

動画によって、永橋さんにマイナスの影響を与えたくなかった。その可能性を拭いたかった。拭うべきだと思った。

そもそも僕の配慮が足りなかったと、申し訳ない気持ちになった。動画がより多くの人の目に留まることで皆が幸せになることを僕は知っている。だから、短期的にはマイナスに思われるようなことでも、未来に待っているプラスの幸せのために、強引に押し切ることが今まで多々あった。

だけどこの時ばかりは、本番の舞台を一番に考えるべきだったと反省した。それは以前の僕であれば考えられないことだった。

僕の言葉に耳を傾けてくれた永橋さんのその姿勢と懐の深さが、僕を変えてくれたのだと思う。時には自分にとっての正解より、相手を思いやることが大切だということを教えてくれた。

取材対象者と向き合うことは、辛く逃げ出したくなることも多いが、一方でたくさんの学びを与えてくれる。そして、本来は他人同士だった関係性から、心が通じ合えたように感じられるその瞬間に、「動画を作って良かった」と感じる。そして「この人のためにもっと良い動画を作りたい」と思うのだ。

人気と実力
チケット完売後の悩み

「チケットが完売しました！」

『白鳥の湖』、本番1ヶ月前、髙部先生が嬉しそうに僕に報告してくれた。

3公演ある『白鳥の湖』、そのうちの1公演分のチケットが完売したのだ。席数は2300席、チケットは高いもので1万数千円という公演での完売を知った時は素直にとても嬉しかった。

しかし、チケット完売の事実以上に驚いたのは、完売した公演が入団1年目の恋さんが主役を踊る回だったということだ。

正直、実力で言えば、平田さんや永橋さんの方が上だろう。しかし、恋さんの回がいち早く完売した。

チケットの購入者情報を見ると、「初めて観に行く」という人が多くの割合を占めていたから、YouTubeの効果が大きいことがわかった。

YouTubeの力で、動画でずっと密着してきた恋さんの回が完売したことに喜んだ反面、複雑な気持ちもあった。

言葉を選ばずに言うと、舞台のクオリティはプリンシパルの永橋さん、バーミンガム・ロイヤル・バレエ団の平田さんが主役を踊る残り2公演の方が間違いなく高くなるはずなのだ。

この気持ちを髙部先生に正直に伝えてみた。

「人気と実力、難しい問題ですね……」

髙部先生も完売を素直に喜ぶ一方で、この問題に悩んでもいた。

「私としてはやっぱり実力、踊りの技術を一番に考えて配役をしたいのが本音ですが、それでチケットが売れなかったら本末転倒になってしまう」

バレエは芸術であると同時に、商業公演はビジネスとしての側面もある。そのバランスを考えて配役するのも芸術監督の仕事だ。

しかし、バレエ素人の僕はというと「お客さんが満足するなら、技術より人気の方が大切なのでは?」と、この時点では思っていた。

バレエを観たことのないお客さんがYouTubeの動画で谷桃子バレエ団に興味を持ち、推しを見つけて公演を観にくる。これはアイドル文化に近いのかなと思う。

僕の高校時代に一大ムーブメントを起こしたAKB48。社会現象になるほど一世を風靡した彼女たちだが、歌やダンスのクオリティを押し出して集客をしているわけではなかった。一人一人のキャラクターを前面に押し出し、応援者を募る。お客さんは、親が我が子を見るような感覚で「推し」を応援する。

こんなことを言うと、「バレエとアイドルを一緒にするな！」と怒られそうではあるのだが、純粋に「バレエの技術」だけで他のトップバレエ団と勝負して集客することには限界がある気がした。

日本唯一の国立バレエ団である新国立劇場バレエ団や、有名バレエダンサー・熊川哲也さんが率いるKバレエなど、これらのトップバレエ団はダンサーの給料面などの待遇も良く、有望な若手たちが毎年続々と入団してくる。

そんなバレエ団と単純に技術面で勝負をしたうえで差別化を図るのは、正直かなり難しい。

でも谷桃子バレエ団の場合、団のモットーである「心で踊る」を懸命に体現しようとしているダンサー個人のキャラや人間性にYouTubeでスポットを当て、動画を見た人の共感を得ることで集客を目指すことが出来る。それこそがこのバレエ団の武器になると僕は考えていた。

「チケット、完売しましたね」

リハーサル終わりの恋さんに声をかけた。

「はい、本当にありがたいです」

嬉しそうに笑顔を見せる反面、声のトーンはいつもより低かった。さらに、それ以外にも普段と違う部分があった。

痩せたな——恋さんを見た瞬間、内心そう思った。バレリーナなのでもちろん元々これ以上ないぐらい細い。それにもかかわらず、一見して痩せたと感じるというのは相当な変化だということだ。

「日頃のハードな練習と主役のプレッシャーから、ご飯を食べられない日もあるみたいです」

恋さんと仲の良いダンサーがそう教えてくれた。バイトなどの生活面の苦労に加え、入団1年目にして初の主役挑戦というダンサーとしての重責が恋さんに重くのしかかっていた。

「プレッシャーは感じますけど、そこを考えすぎても空回りするだけなので」

自分に言い聞かせるようにそう僕に話してくれた。

決して安くはないチケット代を払って会場に足を運んでくれた2300人のお客さんを自らの踊りで満足させなければいけない。プレッシャーを感じないわけがない。

僕だったら到底そのプレッシャーに耐えられないだろう。彼女を心から尊敬するとともに、頑張ってほしいなと思った。でも、プレッシャーになる気がしたので「頑張ってください」とは伝えなかった。

ロシアor日本
人生の岐路

↑密着動画

主役を踊る恋さんが奮闘する中、同期の新人バレリーナも人生の岐路に立っていた。

元ロシアのプロバレエ団員、大塚アリスさんだ。このチャンネルで初めて密着撮影したバレリーナであり、165センチという恵まれたスタイルと、彼女が醸し出すバレリーナらしい上品なオーラに、視聴者からの人気もとても高い。彼女が出演した動画の再生数は他の回に比べ突出しており、コメント数も通常より多かった。

今回の『白鳥の湖』では冒頭・第1幕の準主役級の役である、王子の成人を祝うために呼ばれた踊り子「パ・ド・トロワ」に新人ながら抜擢された。

配役が発表されてすぐにアリスさんを撮影したいと思った。

同期の恋さんが主役に選ばれたことをどう思っているのか？　悔しい気持ちはあるのか？　バチバチのライバル同士の戦い、のような物語になるのでは？　と、元テレビディレクターの下世話な嗅覚が働いたのだ。

「今回は焦がしませんよ」

都内のワンルームアパートの部屋にあるキッチンで玉ねぎを炒めながら、アリスさんは冗談交じりに言った。アリスさんを初めて撮影したのが半年前。

バレエ素人の僕同様、YouTube視聴者には、バレエの技術にフォーカスを当てた動画では入り口として少々ハードルが高いだろう、という推測から、バレリーナ本人のパーソナルな部分を掘り下げようと考えた。

そこで、アリスさんの趣味であるお菓子作りを撮らせてもらったのだが、その時は黒焦げのスコーンが完成するという本人の意図しない結果に終わってしまった。

「未だにスコーンを焦がしたことをいじられます」

みんなの印象に残っているのであれば、ある意味密着動画としては成功なのだが、本人的にはいじられるのが本気でちょっと嫌らしい。高校時代から、バレエダンサーとしては同世代トップクラスの集団でバレエだけに打ち込んでいた彼女からしてみると、「いじられる」という経験自体が慣れないものなのかもしれない。

バレエ団の練習終わりに撮影を始めたこの日、外は暗く、時計の針は世間一般的には夕食の時間を指していた。黄金色に変わった玉ねぎと牛肉を、ジューという音を奏でながら市販のタレで炒める。食欲をそそる良い香りが漂ってきた。アリスさんが焦げたスコーンのリベンジとして作ったのは、まさかの牛丼だった。

「簡単に作れるし、丼だと洗い物も少ないので」

そう言いながらスプーンで牛丼のつゆが染み込んだご飯を口へと運ぶ。バレリーナと牛丼とは、意外な組み合わせだなと思いつつ、アリスさんが僕の分も用意してくれたので一緒にいただく。玉ねぎが少し焦げていたが、その苦味がアクセントとなり、逆に食が進んだ、気がした。

牛丼を食べながら、アリスさんがチラチラと僕を見ている。

「撮影の本当の目的はなんだ？　何を聞きに来たんだ？」と言いたげだ。

僕は取材対象者に対して、事前に撮影内容の詳細を伝えないようにしている。事前に伝えると、喋る内容を「用意」してしまうからである。用意した言葉の一つ一つは文字上でみたら、綺麗に整理されていてわかりやすいかもしれない。しかし、そこに「本当」はない。感情が伝わる表情や、声のトーンは失われる。ただ淡々と喋る言葉に視聴者の心は動かないと思うのだ。

そんな撮影スタイルを繰り返すうちに「コイツは今日何を撮りに来たんだ」という探り合いから撮影が始まることが多くなっていた。

以前、YouTubeの生配信にアリスさんと恋さんの新人同期コンビで挑戦してもらったことがあった。その時に視聴者からきた「踊ってみたいソロは？」という質問にアリスさんは、

「オデット」

と答えていた。

「同期の恋さんが主役に選ばれたこと、率直にどう思っていますか？」

ほとんど完食したタイミングで、「撮影の本当の目的」を果たしにかかる。

「悔しいです」「本当だったら私が選ばれたかった」そんな回答を頭に浮かべていた僕だったが、そんな期待はすぐに裏切られた。

「んー、別にそこに対しては特に何も思ってないです。私と恋ちゃんはそもそも踊りのタイプが違うし。それを比べて悔しいとかそういうのは特に思わないかな」

何も思っていない。しかし、そう話した後のアリスさんの表情はどこか浮かないように見えた。口元に少し力が入り、何か言いたげなように思えた。僕は最初、この表情の真意を「表面的には、何も思ってないと言いながらも、本当は主役に選ばれないことが悔しいのだろう」と、勝手に解釈していた。しかし話していくうちに、彼女の心のモヤモヤが「別の部分」にあることに気付かされた。

「ロシアから日本に戻ってきた後、バレエ団に入って半年以上経ちましたけど、今はどういう気持ちですか？」

「んー、正直モチベーションの上がり下がりが激しかったです。頑張ろう！　と思えたかと思うと、次の週にはズーンって気持ちが下がって、たまに『もう辞めよう』ってなったり……」

もう辞めよう。そこまで思うほど事態は深刻なのかと少し驚きつつも、会話を続けた。

「もう辞めようって思う理由は何ですか？」

「私がやりたいバレエ、見せたいバレエと、バレエ団の人たちが求めているバレエが、本当に同じなのかなっていうのはずっと疑問に思っています」

バレエには「ロシアメソッド」「イギリスメソッド」のように、国によって踊り方の基礎や大切にするポイントが違う、ということを以前髙部先生に教えてもらった。イギリスのバレエ学校を卒業した髙部先生は、いわゆるイギリスメソッドで、ロシアのバレエ学校を卒業したアリスさんはロシアメソッドだ。

「ダンサーは監督の求める踊りに応えることが大切だ」

とあるインタビューで、谷桃子バレエ団の男性プリンシパルダンサーで元々ロシアのプロバレエ団で踊っていた三木雄馬さんがそう教えてくれた。ちょっと意地悪に思えたが、それをそのままアリスさんに伝えた。

「もちろん私もそう思います。その通りだと思うから、私も求められている踊りを踊れるように努力するけど、でも、『本当に私がしたいこと』ってこういうことなのかな。いや違うよなって」

彼女は決して、バレエの技術的な部分で悩んでいるわけではなかった。

ロシアのバレエが好き。そう話すアリスさんはいつも満面の笑みで嬉しそうだった。だから、その表情が僕にはとても印象深く残っていた。

5歳でバレエを始めて、ロシアのバレエに憧れ、自らの意志と努力で16歳の時にコンクールで結果を残し、奨学金制度でロシアに留学、名門ワガノワ・バレエ・アカデミーに入学した。しかし、コロナと戦争が原因で、日本でバレエを踊ることを余儀なくされたアリスさん。ロシアでは給料制でバレエだけに打ち込める環境が整っていたが、日本では真逆の環境だ。給料をもらうどころか、逆にダンサーが団費を支払い踊る。専用のスタジオもないため、練習時間はロシア時代の半分以下。本公演の回数も年に数回。そんな環境の違いもあり、アリスさんの脳裏にこびりついて離れない疑問。

自分が本当にしたいことって何だったのか？

24歳というアリスさんの年齢は、バレエダンサーとしては決して若くない。聞けば海外のオーディションなどは年齢制限があり、それが25歳までということが多いらしい。

日本で踊り続けるのか？　それとも辞めてロシアにもう一度挑戦するのか？　人生の岐路にアリスさんは立っていた。そんなアリスさんの悩みに僕自身も強く共感してしまった。テレビ業界で「いったい自分は何のために動画を作っているんだろう」と悩んだのが26歳の時。このまま走り続けて30歳になり、家族ができ、もう後戻りできなくなってからでは遅いのではないか。環境を変えるなら今しかないのではないか。でも、今いる場所から離れてうまくいくほど甘くないのではないか。

そんな焦りと不安を抱えて、誰にも相談できずに半年ほど悩んでいた。今となっては決断、行動して良かったと思っているが、当時の自分には、自分自身を客観視できるほどの余裕はなく、行き場のないモヤモヤで頭がいっぱいになっていた。

アリスさんの気持ちが痛いほどわかるがゆえに、安易な言葉をかけたくないと思い、変にアドバイスはせず、僕の意見は一旦、心の奥にしまっておくことにした。

「今のアリスさんの気持ち、高部先生は知らないですよね？」

「いえ、この前初めて話しました」

「えっ」

てっきりアリスさんの頭の中だけでの話だと思っていた。もうそんなに話が進んでいたことに思わず驚きの声が自然と漏れてしまった。

「高部先生には、『無理に引き留めたくはないから、最後は自分のやりたいようにするのがいいと思う』と言われました」

アリスさんの入団当初、高部先生は目を輝かせながら僕に話してくれた。

「アリスちゃんはオーディションでは一際目立つ存在でした。素晴らしいスタイルだし、しっかりコツコツ基礎を固めていけば、きっと良いダンサーになると思います」

指導者として、「これから伸びていく逸材」を見つけた時はきっと嬉しかっただろう。入団1年目のこれからというタイミング。「辞めてほしくない」というのが高部先生の本音のはずだ。それでも無理に引き留めず、本人の意思を尊重するあたりが高部先生らしいなと思った。

「でも『白鳥の湖』には出てほしい。谷桃子バレエ団の『白鳥の湖』を経験してほしい』

とも言われました」

　そこでの経験がアリスさんの今後に役に立つ、そう高部先生は考えたのだろう。そんな愛情をアリスさんもしっかり受け止めていた。

「きっと引き留められていたら、もう辞めていたと思います。今は目の前のことだけに集中して、今後のことは『白鳥の湖』が終わってから考えようと思ってます」

　そう話すアリスさんは、やはりどこか浮かない表情で、何かを迷っている——そんな風に感じ取れた。

『白鳥の湖』開幕

2024年1月13日。

『白鳥の湖』、公演が始まる約1時間前。

上野公園の一角にある、東京文化会館のロビーはたくさんの人の熱気に満ちていた。

「こんなにチケットが売れたのは、私が知る限り初めてです」

高部先生がそう言って喜んでいる姿はシンプルに嬉しかった。3公演すべて完売とまではいかなかったが、残りの2公演も9割近くチケットは売れたのだ。

だけど本音を言えば、完売させたかった。僕は喜びより悔しい気持ちが大きかった。

やれることは全部やったつもりだ。

動画を見て、観に来てくれる人が一人でも増えたら良いなという思いで、年末に撮影したリハーサル映像を年明けに公開した。年を越すその瞬間、動画の編集をしていたのは人生で初めての経験だ。

しかし、完売はしなかった。動画の力で、数千円から1万円以上のお金を出して「チケットを購入したい」というところまで人の心を動かすというのはなかなか一筋縄ではいかないとあらためて思い知った。

日本最大級の劇場・東京文化会館の入り口をくぐると、そこには非日常の世界が広がっている。とんでもなく高い天井に、一昔前の西欧を感じさせる荘厳な建物の作り。チケット改札では、フォーマルなスーツ姿の劇場スタッフさんが出迎えてくれる。改札内のロビーへと足を進めると、お客さんの熱気がすごかった。

「YouTube観てます！　応援してます！」

ロビーの端に立つ高部先生に、ドレスや上品なワンピースでいつもよりオシャレをしてきたであろうお客さんたちが次々と声をかけていた。まるで芸能人に逢えたかのように目を輝かせ高部先生に握手を求める。

「バレエは今まで観たことなかったんですけど、YouTubeをきっかけに興味を持つようになって、今日は北海道から来ちゃいました！」

そんなお客さんの声を聞く高部先生は嬉しそうだった。その様子を見て、僕も幸せな気持ちになった。YouTubeを止めなくて良かったと心底思える瞬間だった。

開演前のロビーでは、グッズやパンフレットを購入する人、ポスターの前で写真を撮る人、優雅にシャンパンを嗜む人——これはバレエやオペラならではの文化らしい——まで、お客さんたちが思い思いに時間を過ごしていた。

そんなロビーの一角で、イヤホンガイドの配布を行っていた。

「バレエでイヤホンガイドを導入するのが長年の夢だったんです」

本番2日前。髙部先生がそう言いながら、片手に収まる大きさの受信機を渡してくれた。

イヤホンガイドとは、舞台を見ながらリアルタイムで物語の流れや登場人物についての解説を聞ける、初心者にとっては大変ありがたい優れものだ。歌舞伎の公演などではよく使われているらしい。本格的なバレエの公演に導入したのは少なくとも国内ではこの公演が初めてのようだ。

「今回は、YouTubeをきっかけにバレエを知らない人がたくさん来てくださると思うので、思い切って挑戦することにしました」

僕のようなバレエ初心者に寄り添ってくれているその姿勢がなんだか嬉しかった。

とはいえ、イヤホンガイドは専門業者からレンタルしており、ガイドの制作にも費用がかかるため、簡単に導入できるものではない。それを差し引いても、たくさんの人にバレエを届けたいという髙部先生の強い思いが勝っていたということだ。

解説の原稿も髙部先生自ら書いたという。1ヶ月前から書き始め、本番直前のリハーサル中にも文章の手直しをしていた。さらに、1公演目はなんと自ら生ナレーションで声を当てる。

「踊りのどのタイミングで解説を入れるのかということもとても重要なので、作品を一番把握している私が最初にやるのが良いと思ったんです」

前例のない挑戦に加えて、まずは先陣を切って何でも自分でやる姿勢に感動した。

『白鳥の湖』、1公演目は永橋さんの主役回だ。

本番が始まる数時間前、ダンサーたちが本番を待つ楽屋が並ぶ廊下にいた。

さすがに本番当日は集中したいだろうと思い、ダンサーたちに質問したい気持ちをグッと堪えて「今日は声をかけずに、遠くから姿を撮るだけにしよう」と決めて目立たない場所でそっとカメラを構えていたのだが、

「メイクするところ撮りますか?」

なんと主役の永橋さん自ら声をかけてくれた。もしかしたら撮りたいオーラが出てしまっていたのかもしれない。

「いいんですか!?」

お言葉に甘えて、永橋さんと共にメイク室へと入った。

永橋さんの怪我は完治していなかった。

「私、今まで大きな怪我はしたことなかったんです。怪我には特に気をつけるようにしていたので。でも今回は復帰後初めての公演で、自分でも思い通りにいかないことが多かった。今更ジタバタしてもしょうがないので、欲張りすぎずに今やれることを精一杯やります」

プリンシパルらしい肝の据わった清々しい表情にも見えるし、不安を隠しているようにも見えた。

白鳥を演じる永橋あゆみさん（左）と相手役の今井智也さん（右）

開演5分前。

東京文化会館の客席は全部で5階席まである。会場全体が筒状をしており、オーケストラの演奏が響き渡る作りになっている。その中で、2000人以上のお客さんが席について、今か今かと開演を待ち侘びている。

ドクン、ドクン。

舞台袖からダンサーたちの表情を撮影していたら、なぜか僕まで緊張してきた。

しばらくすると、オーケストラの演奏が始まった。開演だ。

3分ほどの演奏の後、幕が開いた。大きな拍手と共に大勢のダンサーたちが踊り出す。

2時間半にわたる公演が始まった。それぞれの踊りが終わるたびに拍手が起こる。自分のパートを終えて帰ってくるダンサーのホッとした表情に、思わず僕もホッとする。

運命の32回転

↑密着動画

公演開始から30分。第2幕が始まり、いよいよ主役・永橋さんの登場だ。

ここから最後まで、主役は踊り続ける。純白の白鳥の衣装に身を包んだ永橋さんが、大きく深呼吸した後、真っ暗な舞台袖からステージの真ん中へと向かう。永橋さんが姿を現した瞬間、大きな拍手が湧く。

そこからはあっという間だった。怪我を感じさせない圧倒的なパフォーマンスでお客さんたちを魅了した。

「ブラボー」

永橋さんの踊りが終わるたびに、客席から称賛の声と拍手が届く。

経験に裏打ちされた圧倒的な表現力と確かな技術で、白鳥・オデット姫として王子との出会いと愛の芽生えを繊細に演じ切った。

前半の幕が下り、20分間の休憩となった。永橋さんをはじめとするダンサーたちの熱演に興奮冷めやらない様子のお客さんたちでごった返すロビー。会場の熱気は高まる一方だ。

そしていよいよ、黒鳥・オディールとして一番の見せ場を踊る後半の幕が上がった。

真っ白な衣装から、漆黒の衣装に着替え、メイクも黒鳥仕様に変えた永橋さんが、さっきの白鳥の時の哀しげな表情とは別人のような、力強い顔つきで舞台上に躍り出る。

オデット姫そっくりに姿を変えた黒鳥・オディールは、父である悪魔ロットバルトと共に巧みに王子を騙し、愛を誓わせるために手を取って踊りはじめる。その後は王子、黒鳥・オディール、それぞれのソロパートだ。前半の白鳥のシーンだけでも相当体力を消耗している。さらに、後半の黒鳥は力強い踊りのため、並のダンサーならここで力尽きてしまう。そんな中待っているのが最大の見せ場、32回転の大技である。

僕は練習中、永橋さんの32回転が成功した様子を一度も見ていない。カメラを握る手が汗ばむのがわかった。

黒鳥らしく妖艶な笑みを浮かべた永橋さんが、舞台の中心へ向かう。

出番を終えたダンサーたちが舞台袖に集まっていた。皆祈るような表情で見守っている。

成功してほしい。

撮影のことを忘れ、強く願った。

オーケストラの演奏の盛り上がりと共に永橋さんが回転を始める。

1回、2回、3回、4回、5回、6回、7回……

舞台袖の全員が息を呑んで見つめる中、永橋さんは1回ずつ確実に回転を重ねていく。

27回、28回、29回、30回、31回、32回……回りきった！

「ブラボー」

会場から大きな称賛の声と、割れんばかりの拍手が起こった。

「おーーー!」

舞台袖から見守っていた仲間たちが喜びの唸り声を上げた。

「すごい……」

心が震えた。感じたことのない感情が込み上げてきた。永橋さんのここまでの苦労を知っているからこその感動だった気がする。涙が出そうになるのを必死に堪えて、その後も懸命にカメラを向け続けた。


永橋さんは、32回転の後も怪我を感じさせない見事な踊りを披露した。クライマックスとなる第4幕では再び白鳥として舞台に上がる。王子は、黒鳥・オディールに騙され、偽りの愛を誓ってしまった。白鳥・オデットは、愛する人に裏切られて二度と人間に戻れないことを知り、悪魔によって死に追いやられる。そんなオデットの絶望を完璧に表現し、踊り切った。

自らの過ちを後悔しオデットの後を追った王子役のプリンシパル・今井智也さん、そしてオデットを守ろうと懸命に悪魔と闘う白鳥たちを一糸乱れぬ群舞で演じたコールドバレエのダンサーたちの熱演もあり、大盛況で1公演目は無事幕を閉じた。

「よくやった!」

幕が降りたステージ上にいる永橋さんの元へ高部先生が駆け寄っていった。二人とも目に涙を浮かべながら抱き合っている。

「ママ！」

舞台袖には娘のゆなちゃんが待っていた。衣装姿のお母さんを見つけると、駆け足で寄っていく。永橋さんがゆなちゃんを抱きあげる。張り詰めていた緊張が一気に解け、安堵の空気が舞台袖に溢れる。プリンシパルダンサーから「お母さん」へと永橋さんの表情が変わった。

「支えてくれたみんなに感謝しかないです」

踊り終わった後に永橋さんが最初に口にしたのは、周りへの感謝だった。その一言が彼女の人間性を表現しているように感じた。終わった後に水を差すのも悪いと思い、早々にインタビューを切り上げた。

終演後、想定外の出来事

↑密着動画

1公演目が終わって30分後、誰もいない舞台袖で高部先生のインタビューを撮らせてもらった。

「とにかく永橋さんが頑張りました」

そう話す高部先生の目には涙が浮かんでいた。

「実は、もし32回転がやり切れなかったら、そこからは自分で振りを変えて続けても良いよって話もしていたんです。でも、やり切った。足の痛い中本当によく頑張ったと思います」

永橋さんと同じくらい、高部先生も不安だったのだろう。バレエ団のトップとしてお客さんの満足のいくものを届ける責任が高部先生にはある。

初めて観にくる人に、「また来たい」と思ってもらえるような舞台にするために常に工夫し、挑戦する。それが上手く伝わるか、不安もあっただろう。計り知れないプレッシャーの中で戦っていたはずだ。

そんなことを考えていると、思いもしない出来事が起きた。

「ちょっと泣かないでよ、渡邊さん！」

気づけば、僕の目から涙が溢れていた。

自分の嗚咽する声が聞こえてきて驚いた。止めようと思っても止まらなかった。カメラを回しながら泣いてしまうなんて、こんなことは初めてだ。

今は髙部先生のインタビュー中だ。僕が泣いている場合ではない。

頭ではそう考えながらも、涙と嗚咽が止まらない。

「渡邊さんも頑張ったから……」

突然の僕の涙に驚き、最初は茶化すような笑顔を見せていた髙部先生も、話すうちにさらに泣き始めた。誰もいない舞台袖で二人して泣いた。

密着を始めて1年近く。最初はバレエのことなんて何も知らなかった。

「面白い動画になりそうだな」

そんな気持ちで始めた密着だった。面白い動画を作って自分が褒められたい。今思うと最初はそんな承認欲求が気持ちの大部分を占めていたような気もする。

しかし、密着を続ける中でバレエのことを知っていった。いや、バレエに関わる人たちのことを知っていった。

どんな思いでやっているのか？　どんな苦労があるのか？　何を目指しているのか？

わからないし、納得できないことだらけだったけれど、徐々にバレエに、バレエに関わる人に興味が出てきた。

動画を通してそれを伝えたいと思った。自分の存在価値はここにあるような気がした。もちろん、嫌なこともたくさんあった。人と関わるというのは本当に面倒だった。同じものを目指しているはずなのに大きく衝突した。ちょっとしたかけ違いで、味方であるはずの相手が、敵に見えることもあった。

大丈夫かとたくさん心配された。やめた方が良いとたくさん言われた。言われるたびに不安な気持ちになった。自分を疑った。怖くなった。

でも、続けてきてよかった。

今そう思った。そう思うと涙が止まらなかった。嗚咽が止まらなかった。

「渡邊さんがバレエを知ろうとしてくれた。私はその気持ちが嬉しいです」

そんな髙部先生の言葉にさらに涙が溢れた。

僕たちはしばらく泣き続けた。

入団1年目の主役の涙

↑密着動画

永橋さんの本番当日の密着動画は、合計80分になった。40分の動画として2本に分けて公開した。いつもは10～20分の動画なので過去一番長い動画となった。YouTubeのプレミア公開という機能で、視聴者が同時に視聴できる形を取ると、1万人に近い視聴者が観てくれた。

画面越しではあるものの、1万人近い人が同時にバレエを見ている。その事実にまた泣いてしまった。と言っても、家でパソコン越しに泣いたので誰にも見られてはいない。実はあの公演以来、涙腺が緩い。「バレエには感受性を豊かにする効果もあるのか」そんなことを半分本気で思ったりした。

永橋さんが舞台を成功させた後、残り二人の主役も見事に踊り切った。

「ブラボー」

バレエ公演では素晴らしい舞台であればあるほど、終演後、拍手と共に「ブラボー」と客席から声が飛び交う。2公演目、イギリスのトップバレリーナの平田さんが主役を務めた回の終演後は特に「ブラボー」の嵐だった。正直に言えば、公演中の拍手の量も3公演中一番大きかったように思えた。

「ホッとしました」

トップバレリーナといえど、本番は緊張するのか。終演後に舞台袖で発したこの一言に少し驚き、そして親近感が湧いた。よくよく考えれば、プレッシャーの総量は、他の主役と比べても大きいのかもしれない。

海外からゲストとして呼ばれ、慣れない環境の中、最高のパフォーマンスを披露することが当たり前のように求められるのだ。決して失敗は許されない。とてつもない重圧の中で、平田さんは圧巻の踊りを披露し拍手喝采を浴びた。そんな超一流のパフォーマンスに心から感動し、尊敬の念を抱いた。

「自分の理想の公演ができたことは一度もないですし、これからもないと思います。それがバレエというものだと思ってます。満足したらそれ以上成長はないので」

あまりのストイックさに大丈夫かな、と少しだけ心配になってしまう気持ちもあったが、やはりこれがプロかと再び感動し、こんなことを口走ってしまった。

「前にインタビューで、日本で踊る気はないとおっしゃってましたけど、平田さんの踊りをこの短い期間見せていただいて、平田さんのような人が日本で踊ってくれたら日本のバレエ界ももっと発展していくのではと考えてしまいました」

言い終わってすぐ、終演直後にこんなことを言うべきではないと反省した。しかし、平田さんは真摯に答えてくれた。

「日本で踊っている方たちの中にも、素晴らしいダンサーはたくさんいますよ。あとは、それをサポートする環境が整って、将来良くなっていくことを願っています」

その願いが叶うのは5年後か、10年後か、それとももっと先なのか。いや、そもそもそんな未来が来るのか、と不安になる。

「明日の朝の便でイギリスに帰ります」

平田さんが所属するイギリスのバレエ団では、年間150公演を行う。休む暇なく次の舞台へ向けて練習が始まるのだ。

「来年も撮りたいので、またゲストで来てほしいです」

どれぐらい本気で受け取ってもらえたかわからないが、僕としては心からの希望を伝え、平田さんへの取材は幕を閉じた。

一方、3公演目の主役に抜擢された恋さんも無事に踊りきった。入団1年目の新人とは思えない堂々たる舞台だった。

「よく頑張りました」

髙部先生もそう声をかけていた。

「終わってみて、今どんな気持ちですか？」

恋さんが主役の3公演目が終わって間もなく、誰もいないリハーサル室で久しぶりに声をかけた。本番当日は「声はかけずに遠くからそっと撮影する」と恋さんに約束した。これは恋さんからお願いされたわけではなく、僕が勝手に決めた。

実は、本番2日前に劇場入りした時から、いつもニコニコだった恋さんの表情から笑顔が消えていた。

「プレッシャーとかは、あんまり考えすぎないようにしている」

そう恋さんは話していたが、実際は相当な重圧を感じていたように見えた。密着動画的には、恋さんの本番当日の声は絶対に撮りたいところではある。しかし、それよりも舞台の成功を優先したいと思った。撮れ高を見据えた打算ではなく、本心からそう思えたのは、この密着を通して僕が大きく変わったところのように思う。

「今はホッとしてます」

そういって恋さんはニコッと笑った。久しぶりに見た彼女の笑顔に僕もホッとした。

「すべてのシーンを踊り終わって、お客さんから拍手が来た時はどんな気持ちでしたか？」

「先輩や先生、色んな人に支えられた舞台だったから、無事終わって拍手を聞いた時は、本当に嬉しかったです」

そう話す恋さんの頬を、一粒の涙がスーッと流れた。編集で動画を見返した時に自分でもフィクションかと疑うほど綺麗すぎる涙だった。

「自分だけじゃ絶対に成し得なかった、周りの人が支えてくれたからできた舞台だった。

だからその感謝の気持ちをこれからも忘れずに、今回の反省も含めて、これからも踊っていきたい」

主役の人たちは舞台が終わるとまず周囲への感謝を述べる。その姿に、本番の舞台での踊りと同じくらい感動する。

「お疲れ様でした」

いつもは定型的に使うこの言葉に、心の底から労いの気持ちを込めた。

そうして、『白鳥の湖』の撮影は無事終わりを迎えた、と思ったのも束の間。誰もいない楽屋部屋で涙を流すあるダンサーを見かけた。ロシア帰りのバレリーナ、大塚アリスさんだ。

急にいなくならないでください

↑密着動画

「踊りに迷いが見える」

『白鳥の湖』のリハーサル動画を YouTube で公開すると、アリスさんの踊りに対して、こんなコメントが多く寄せられた。

「どうしたらいいか自分でもわからなくて」

『白鳥の湖』が終わるまでは日本で踊る、と決めたはいいものの、やはり心の中に葛藤があったのかもしれない。

バレエ素人の僕には、技術的なことはまったくわからない。しかし、実際のところ僕も YouTube に寄せられたコメントと似たような感想をアリスさんに対して抱いていた。


『白鳥の湖』の本番4ヶ月前、僕はアリスさんと撮影も兼ねて、とある舞台を観に行った。それはマリア・ホーレワさんというロシア人の超一流バレリーナが踊る舞台だった。彼女はマリインスキーというロシアトップクラスのバレエ団で、今注目の若手ダンサーとして主役を任される存在である。なぜこの舞台を観に行ったかというと、アリスさんがマリアさんと同じバレエ学校出身で、さらに同級生だったからだ。

海外のトップダンサーを撮れる機会なんてなかなかないと思い、ダメ元でオファーを出したら、まさかのOKという返事がきたのだ。

そんなロシアのトップバレリーナであり、同級生の舞台を観終わった直後の、あの時のアリスさんの表情は今でも忘れられない。

「今日観られて本当によかった。そうだよ、これこれ、私が好きだったロシアのバレエってこうだったよなって思い出しました」

アリスさんの目は、キラキラと輝き、声量はいつもの二倍増しで興奮が伝わってきた。

「ロシアのバレエが好き」

彼女の「好き」が、他の人とは次元が違うレベルでの「好き」だということが理解できた。

あの時のアリスさんと比べると、『白鳥の湖』という舞台を目の前にした彼女は、まるで別人のようだった。もちろんそれは表情だけでなく、醸し出す空気感や声のトーンまで。ロシアのバレエについて嬉しそうに話すアリスさんは姿を消してしまった。そして、そんな迷いを抱えたまま、『白鳥の湖』の本番を迎えてしまったのだ。

「元々課題だったところは、ミスなく踊れたんですけど、逆に練習ではできていたところを失敗してしまって」

アリスさんの本番の舞台に対して、高部先生は技術的な部分だけをカメラの前で短く説明してくれた。しかし、それ以上は聞いてほしくなさそうというか、話しづらそうだったので、この時は聞かなかった。


「あんまり上手くいきませんでした」

『白鳥の湖』の本番が終わってから1時間も経っていない時、泣きながら話すアリスさんにカメラを向けた。

最初に密着撮影したバレリーナであり、バレエ団員の中での撮影回数も最も多くなっていた彼女。何度も撮影を繰り返すうちに、アリスさんと僕の間には「カメラがあって当たり前」という、ある意味信頼関係にも近い暗黙の了解がお互いの中にできていた。そんな背景もあり、泣いているからといって「カメラを向けたらダメかな」とかそういったことを僕も気にしなかった。撮りに行く、という感覚より、泣いている友人を見かけたから声をかけた、という表現の方がこの時においては適切だったと思う。


本人的にも、本番の舞台は成功と言えるものではなかったと自覚があったようだ。しかし、僕が知っているアリスさんは、舞台がうまくいかなかったからと言って泣くような弱いメンタルの持ち主ではない。

この涙は一体何に対する涙なのか。なんともいえない不安を覚えてしまい、このタイミングでするには急かしすぎにも思える質問をぶつけた。

「『白鳥の湖』までは一旦頑張ると言っていましたが、今後どうしていくかは、さすがにまだ決めてないですよね？」

「まだ決まってないです。なんとも言えないです」

そういうとアリスさんは、目元を擦り、落ちそうになった涙を拭った。そんな彼女の姿になんだか胸が締め付けられ、

「急にいなくならないでくださいね」

と、冗談っぽく、しかし実際は半分本気で言葉をかけた。「今すぐにでもここから逃げ出したい」それくらい苦しそうに僕には見えたのだ。

「急には多分いなくならないですけど」

少し笑顔を浮かべながらそう答え、少しの間を空けた後、再び目元を擦りながらこう言った。

「どうしたらいいかわからない」

日本で踊り続けるのか。それとも再びロシアへ挑戦するのか。どうするのが正しい道なのか、誰も答えを知らない。

いや、おそらく正しい答えなんてないだろう。アリスさんの苦しい胸の内からこぼれた本音とも言えるその一言に、自分の無力感を覚え、なんともやるせない気持ちになった。

「何かアドバイスできたらいいけど、正直僕もわからない。でも苦しいなら無理せずに、自分のやりたいことをやってほしいなと思います。アリスさんは一番最初にYouTubeの撮影に協力してくれた。だから逆に僕が協力できることがあればなんでもするので、遠慮せずに言ってほしいです。僕にできるのは動画を作ることくらいなんですが……」

アリスさんは大粒の涙を流しながら、大きく頷いてくれた。

そんな『白鳥の湖』公演からしばらく経ったある日、僕自身も泣きたくなるような、とある連絡がバレエ団から届いた。その連絡は「バレエの世界は甘くない」そう痛感するには十分すぎるほどの衝撃的な内容だった。

衝撃の連絡

↑密着動画

『白鳥の湖』公演から1ヶ月後。バレエ団から連絡が来た。

「YouTube の配信本数を減らしたいです」

今まで週2本、月8本のペースで配信してきたYouTube チャンネル。その配信本数を半分に減らしたいという打診だった。

「嘘だろ……」

あまりに予想外の依頼内容に耳を疑った。しかし、バレエ団が配信本数を減らしたい理由はシンプルだった。

お金がない、である。


僕の所属する制作会社がバレエ団と契約し、バレエ団から制作費をいただいて僕が動画を作っていた。動画1本につき、制作費いくら、という計算だ。よって、動画の配信本数を減らせば、バレエ団としては動画制作にかかる経費を抑えられるということだった。

バレエ団の懐事情が決して良くないことは、密着を通じて十分知っていた。

しかし、今回の『白鳥の湖』公演は、チケットの売れ行きも良く、今までにない盛り上がりと熱量を感じた。それをもってしても、動画制作費をペイできるほどの黒字が出なかったということだ。

「一体どうしたら良いんだ……」

僕は途方に暮れた。

『白鳥の湖』は本番のみならず、YouTube上でも盛り上がりを見せた。再生回数は過去一番に伸び、ほとんどの動画は30万回ほど再生された。今までバレエを一度も見たことがない人たちもたくさん見てくれた。

「次の舞台は必ず見に行きます」

動画のコメント欄はそんな声で溢れた。すごく嬉しかった。バレエ素人の僕が『白鳥の湖』で心を動かされたのと同じように、たくさんの人が谷桃子バレエ団の舞台に感動してくれたことがわかったからだ。

僕は、配信本数は減らしたくなかった。それは別に制作費でがっぽり儲けたいとかそんな理由ではない。いろんな人たちの努力でやっと灯った、この灯火を消したくなかったのだ。

僕を含めて、ようやくバレエの魅力にみんなが気づき始めている。そんな実感があったから。

YouTubeにおいて更新頻度はとても大切だ。チャンネルを見ることを日常に落とし込むために、週2回の配信は最低ラインだった。見る頻度が減れば自ずと興味も薄れていく。それは今までの経験上、体感としてわかっていた。その懸念があったから、どうしても踏みとどまりたかった。

だから僕は一つの提案をバレエ団の運営会社にした。

「メンバーシップをやりませんか?」

メンバーシップとは月額で料金を支払えば、メンバー限定の動画を見られるというYouTubeチャンネルの有料課金システムだ。

このシステムで資金を集めて、制作費に当て、配信本数を維持しようと考えた。

メンバーシップで公開する動画の制作費はもちろん取らない。無償でやると決めた。

「私がやれることは全力で協力します」

このアイデアを聞いて高部先生も賛同してくれた。

2024年2月、メンバーシップを始めた。月額490円のコースと、990円のコースがある。無料では見られないノーカット版の動画や高部先生やダンサーのライブ配信などをアップしていて、現在1000人以上の人が加入してくれている。本当に感謝しかない。

もちろん動画を作ることが最終目標ではない。動画を見て、バレエの魅力を知ってもらい舞台に足を運んでもらうこと、これが一番大切だ。でも、動画が広がらなければ、きっかけがない。知らないものはそもそも観に行けない。だから動画を届けることに全力で向き合う。それが僕にできる唯一のことだから。

バレエだけで食べていく

↑密着動画

「マットレスからベッドに変わりました」

『白鳥の湖』から1ヶ月半後。新人ながら主役を見事に踊り切った恋さんの家に僕はいた。彼女の家を訪ねるのはこれで3回目だ。最初は家具も何もない殺風景なワンルームだったが、今では素敵なベッドが存在感を放つ立派な一人暮らしの家だ。

「このベッドはファンの方から貰ったAmazonギフト券で買いました。みんなの応援の気持ちで買えたものなので、特に思い入れがあります。睡眠の質はダンサーとして疲労回復のために大事にしたいので、このベッドはとてもありがたいです」

本番直前のプレッシャーに溢れた表情とは一変し、普段のニコニコ笑顔で話す。聞けば主役のプレッシャーとハードな練習で、少し痩せてしまっていたあの時から3キロほど体重も戻ったというから、心なしかエネルギーに満ちているようにも見える。

この日の目的はYouTubeの「案件撮影」だ。

案件撮影とは、企業から依頼を受け、商品やサービスをPRする動画のことだ。紹介する代わりに、企業からは決められた金額が支払われるため、それがバレエ団の収益となる。チャンネルリニューアル前は登録者数が2000人しかいなかったこのチャンネルも、気付けば30倍以上の7万人弱となっていた。企業からの案件をこなせるようになるまで成長したのかと思うと、なんだか感慨深いものがあった。

今回は三ツ星ファームという宅配お弁当サービスを展開する企業の案件だった。一人暮らしの味方となるこのサービスを恋さんに紹介してもらおうと考えたのだ。お弁当を食べながら味の感想などを聞いた。

「これ一人暮らしのおうちにあったらすごい便利」

恋さんは、バレエの才能もさることながら、動画への対応力、何かを質問した時などの頭の回転の速さにも時折驚かされる。

正直、バレエとはあまり関係ない撮影であるにもかかわらず、動画を成立させようと恋さんは頑張ってくれた。そんな姿がとても嬉しかった。

「週刊誌が来ているような感覚なんです」

撮影を始めた当初に僕がバレエ団から言われた言葉だ。

大袈裟に言えば、初期の頃、僕とバレエ団は敵同士のような関係性だった。それが今では二人三脚で、味方同士として同じ方向に向かって走っているような気がした。そのことをこの案件撮影を通して実感し、一人感動してしまった。

そんな案件撮影中、恋さんがあるものを見せてくれた。

「最近、これを空き時間に作っているんです」

そう言って取り出したのはマフラーのような三角形の手編みの布だった。

「三角ショールといって、バレエダンサーがよく使うアイテムなんです。ファッション的な意味もありますけど、冬場とかは腰が冷えないように巻いたりします。実はこれを売ろうと思っていて」

「売る」とは、一体どういうことなのか。

予期していなかった展開に戸惑ったが、また面白いことを言い出しているぞと、ちょっとワクワクもした。

「ありがたいことに、『白鳥の湖』公演前から、カフェのバイトにほぼ行かなくても生活できるようになったんです。『くるみ割り人形』や東京タワーでの公演ギャランティに加えて、学校公演でもたくさん踊らせていただいて。バレエ教室での教えの仕事もいただくようになりました。でも次の本公演は6月。その間は学校公演もほとんどありません」

日本で踊るバレリーナのほとんどが固定給ではなく、公演ごとにギャランティが支払われる完全歩合制だ。踊る機会がなければ、お金も貰えない。そんな不安と常に隣り合わせで生きているのだ。

「だから生活が心配で。昔からこういう編み物は母に教えてもらっていて、何か生活の足しになればいいなと思っていたんです。このショールを売れないかバレエ団に提案しているところです」

「自分から提案したんですか？」

「はい、そうです」

すごい行動力だなと驚いた。「踊り」というすごく強いコンテンツを持つ一方で、SNSを使って自分の踊っている様子を発信したり、マネタイズのためにバレエ以外のことを主体的にやるダンサーは少ないイメージがあったからだ。

「めちゃくちゃ良いですね。絶対売れると思います。なんならその作る過程も動画で撮ってYouTubeで流しましょう」

恋さんの日々の成長と挑戦し続けるその姿勢に、尊敬の念を抱く一方で、彼女たちのためにより良い動画を作りたいと強く思った。


「主役を踊れるようになっても、バレエで食べていけるとは限らないですよね？」

以前から聞こうと思っていたこの質問。投げかけるなら今がベストタイミングなのかもしれない。しかし、この時の僕にはこの質問をしたいという思いがなくなっていた。

「主役を踊ればバレエで生活が出来るようになる、そんな世界に変えていきたい」

そう思うようになっていた。

ただ疑問に思ったことをぶつける傍観者の立場から、バレエダンサーたちと共に課題に取り組む当事者へといつのまにか気持ちが変化していた。

それは紛れもなく、バレエというものに1年間関わり続けてきた結果だ。自分自身に起きたこの変化こそが、バレエが持つ「人の心を動かす可能性」のような気がした。

史上初の快挙

『白鳥の湖』から3ヶ月後。バレエ団史上初めてのことが起こった。

次回公演のチケットが発売開始からわずか4時間ほどで売り切れたのだ。

チケットの購入ページは多い時で800人待ちとなり、

「観に行きたかったけど、チケットが取れなかった」

という人が続出した。

この公演は「ガラ公演」といって、バレエ作品の「良いとこ取り」をした公演だ。一つの作品だけでなく、いくつかの作品の名シーンを5分から10分ずつテンポ良く見せていく。なので、YouTubeをきっかけに初めてバレエを観に来るというお客さんにとっても、楽しみやすい公演になるはずだ。

今回のガラ公演では最近上演した『白鳥の湖』や『くるみ割り人形』に加えて、『ドン・キホーテ』等、全部で11の作品の名シーンを披露する。通常の作品では主役は男女一人ずつだが、ガラ公演では11組の主役が存在することになる。高部先生はじめバレエ団幹部にとっても、ダンサーの「抜擢」がしやすく、若手の成長を促せる良い機会になるようだ。

そして、チケットの最速完売から数日後。

「バレエ団が創設されて初めて追加公演をやることになりました」

と、高部先生が教えてくれた。その結果、全部で1000席×4公演を行うことになった。公演数が増えれば、その分バレエダンサーたちへの出演料も多く支払われるから、これはものすごく喜ばしいことだ。

「『白鳥の湖』で感動したので、次は絶対に行きます」

そんな声がたくさん届いた。

この成功の立役者は、YouTubeという無料のプラットフォームで、『白鳥の湖』の本番の映像を余すところなく、ふんだんに流して良いという決断をしたバレエ団とダンサーたちだと僕は思っている。

舞台本番の映像をYouTubeで流す。普通のことのように思えるかもしれないが、これはバレエ界ではかなり珍しいことだ。通常はダイジェスト版のみを公開する、いわば「出し惜しみ」をして、本番は実際に足を運んで見にきてもらおうとする、もしくはDVDなどで有料の商品として一部の本当に見たい熱量のある人に届ける、というのがバレエ界では一般的だ。しかし、

「渡邊さんの好きなだけ流してもらって構いません」

公演が終わった後、バレエ団は僕にそう言ってくれた。その勇気ある決断が功を奏し、バレエを観に行きたいと思ってくれる人がより増えることに繋がった。

個人的には、生で観るのと映像で観るのとでは、違った面白さがあると思っている。生で観ると、映像では感じられない音楽の迫力や、ダンサーやお客さんの熱気が伝わってくる。一方で映像では、ダンサーたちの表情などの細かい部分をカメラを通してゆっくり楽しむことができる。だから僕は、映像で観られるから舞台に足を運ばないということにはならないと思う。

そういった経緯もあり、今後はアーカイブ配信などに力を入れて、よりバレエを楽しめるよう幅を広げていきたい。それに付随して、ダンサー一人一人のパーソナルな部分をYouTubeで届け、踊り以外の面も知ることで、本番の舞台を2倍、3倍楽しめる、そんな風にしてどんどんバレエの面白さを知る人が増えていったらいいなと僕は思う。

一緒にロシアへ行きませんか？

↑密着動画

2024年4月。次回公演まで残り2ヶ月。

チケットは完売したが心残りが一つあった。ロシア帰りのバレリーナ、大塚アリスさんのその後である。本番後に泣きながら言葉を交わして以来、ちゃんと会話をしていなかった。

レッスンの撮影に行くと、たまに見かけるので、僕が言った「急にいなくならないでください」という約束は守ってくれているようだ。それに加えて、アリスさんはチケットが完売した6月のガラ公演で、2作品の主役に選ばれていた。そのうちの1作品の練習がこの日始まるということで撮影にやってきた。

しかし、僕の心配を良い意味で裏切るように、アリスさんの表情は明るかった。練習後にスタジオの隅で鏡を見ながら振付を確認するアリスさんに声をかけると、満面の笑みで、

「お久しぶりです」

と一言。その表情は以前、ロシアのトップバレリーナ、マリアさんの舞台を見終わった時の表情に近いものがあった。

「スッキリした顔をしてますね」

と、冗談めかして僕が言うと、

「先週までスーちゃんに会ってたからじゃないですかね」

と笑顔で返答。スーちゃんとはアリスさんの実家で暮らしているわんちゃんのことだ。

「あの時は考えすぎていました。考えなくて良いことまで考えて、自分で自分を追い詰めすぎていたかもしれません。とりあえず今はなんでもやってみようと思っています。白鳥の時に足を痛めたのもトレーニングをするきっかけになりました」

実は『白鳥の湖』の本番の少し前に、アリスさんは足を怪我していた。そんな肉体の不安が、精神の不安を助長していたのかもしれない。真意は定かではないが、アリスさんの表情はまるで別人のように晴れやかになっていた。

でも、本当にもう何も悩んでいないのだろうか。あれだけ日本で踊ることに疑問を持っていたのに、その迷いはもうないのか。若干の懸念はあったが、この晴れやかなアリスさんの表情に水を差すのは申し訳ないと思い、この日は雑談を少ししてバレエスタジオを後にした。


それから1ヶ月後。

やはりアリスさんの真意が気になった僕は、〝ある提案〟と共にアリスさんを訪ねた。

バレエ団の練習後、スタジオはバレエ教室のレッスンで使うということで、場所をスタジオ近くの公園のベンチへと移した。

「日傘を差しても良いですか？」

「もちろんです」

日差しが照りつける場所をチョイスした僕は、女性への配慮が足りなかったと反省しつつも、日傘を差しながらのインタビューという、過去に見たことのない絵面に少し喜んだ。

5分ほどの雑談を挟んだ後「どっちが良いか悪いかという話ではないのですが」と前置きをして、僕はアリスさんに聞いた。

「長い目で見た時に、このままロシアには一度も戻らないままアリスさんの人生は終わるのか、それともどこかのタイミングでロシアに戻るのか。そのあたりって今はどう考えていますか？」

聞き方が少し強くなってしまったと後悔しつつ、意外にも答えは即答だった。

「どういう目的になるかはわからないけど、1回はロシアへ行きたいと思っています。それが長期滞在になるのかどうかはわからないけど」

ロシアについて話すアリスさんはどこか嬉しそうで、いつも以上に饒舌だった。

「前々から一つ考えていたのは、いずれロシアでバレエの教師資格を取りたいということです」

誰でもバレエを教えることができる日本と違い、ロシア等の海外では資格を取らないと教えることが許されないのだ。

「ロシアで教師資格の取れる大学に通って、音楽や舞踊の歴史、体の作り方とかを学ぶ。それも選択肢の一つにありました。私がいたロシアのバレエ団では、『私はそんなに長く踊らないから』と言って現役時代から大学に通って早めにその資格を取っている人が結構いました」

1年間密着してきて、初めて聞く彼女のビジョン。その具体的かつしっかりとした考えに感心した一方で、コロナと戦争が原因でそのビジョンが崩れたことにやるせなさを覚えた。同時に、現役引退後の居場所としてもロシアを考えていたことを聞いて「ロシアのバレエが好き」というアリスさんの言葉の重みがよりいっそう増した。

「もし今、1週間ロシアに行くってなったらどうしますか？」

この質問に対しても即答だった。

「ひたすらロシアのバレエ団の公演を観に行きます。あとは、どこかのバレエ団の朝のレッスンを受けられないかお願いして練習に参加したい。それに、会いたい人と再会したいし……」

仮定の話をしているだけなのに、まるでもうロシアにいるかのように楽しそうに話すアリスさん。そんな姿を見て僕は、提案するか迷っていたある計画を話そうと決めた。

「もちろんアリスさんの気持ちが優先ですが、クラウドファンディングで費用を集めて、ロシアに行くというのはどうですか？」

「えっ」

アリスさんからしたら思ってもみない提案だったのだろう。驚いた様子で目を見開いていた。

クラウドファンディングとは、目的を掲げて、それに賛同する人からインターネット上で支援金を集めるサービスだ。支援した人は金額に応じて、設定されたリターンを受け取ることができる。

「このチャンネルで支援者を募ればきっと集まると思うんです」

「でも、それだと私だけになっちゃいませんか？　バレエ団のチャンネルなのに、私個人の目的に使うのは……だったら関西で地方公演とかの方が……それならバレエ団の人たちも参加できるし」

クラウドファンディングで集めた資金で公演を行う。実はアリスさんと同じことを僕も考えていた。

数ヶ月前にYouTubeの有料課金システム・メンバーシップを始めようとした時に「クラウドファンディングで公演をやるのはどうですか」という声を視聴者から数多くいただき、良い考えだと思ってバレエ団に聞いてみたのだった。しかし、クラウドファンディングを使ってバレエ公演をやるのはかなり時間がかかると言われてしまった。

絶対に出来ないということではないらしいが、これまで支援してくれた人たちとの兼ね合いをどうするのか、反対する人たちへの調整など色々とやらなければいけないことが多いという事情を運営担当者が教えてくれた。

「僕もアリスさんと同意見です。でも、公演をやるには、少なくとも現時点では色々と問題があるそうです。だから、いつかそれを実現させるためのスモールスタートとして、まずは比較的ハードルが低いプロジェクトからクラウドファンディングを始めるのはどうかなって思ったんです」

「スモールスタートって言っても、これもなかなかハードル高くないですか?」

若干引き気味のアリスさんだったので、説得にも近い言い方で話を続けた。

「これはアリスさんのためだけじゃなくて、谷桃子バレエ団のためでもあるんです。ロシアのバレエを視聴者が見たら、きっと僕のようなバレエ素人の視聴者も、さらにバレエに興味を持つと思うんです。それが結果的に谷桃子バレエ団の公演を観に行くことに繋がると思うんです」

こうやって改めて文字で見ると自分でも強引だなと感じるが、大枠としては本音だった。とはいえこの動画の公開後、たくさんのご指摘をいただいた。

「ディレクターが強引すぎる」

「バレエ団のチャンネルをディレクターが私物として使うな」

「せっかく立ち直ったアリスさんを戸惑わせないで」

自分の発言を動画で見直して、確かにご指摘の通りだと反省した。実際、この時点ではバレエ団にも許可を取っていなかったし、あくまで個人の提案の段階ではあった。

アリスさんにそのことを伝え、

「じゃあ結論としてはバレエ団的にOKだったら、クラウドファンディングをやるということで良いですか？」

と、強引な営業マンのようなスタイルで、アリスさんからの了解を得た。

後日、バレエ団から正式に許可をいただき、クラウドファンディングはスタート。動画上のコメントは賛否両論——主に否は提案者の僕に対して——だったが、本当にありがたいことに、目標金額の100万円を10日足らずで達成することができた。

指摘はしっかり受け止めつつ、まずは何事もやってみないとわからない、その精神はぶれないように、これからもいろんな挑戦をしていきたいと強く思った。

終わりに

僕はとても弱くてズルい人間だと思う。この本を書いたのも「本を書けるなんてすごいね」と言われたいという承認欲求が大きいような気がする。もちろん、承認欲求が原動力となって行動することをダメだとは思わないが、そんな自分にたまに嫌気がさす。「バレエ団のために」「バレリーナのために」なんて綺麗なことを言って動画を作っているが、実のところ「面白いものを作れる人だ」というのを世間にアピールして褒められたい気持ちが大きい気もする。「気もする」と書くことで本当はそんな風に思ってもないよ、というのを表現しようとしている自分にも嫌気がさす。そして何より、承認欲求のためです、とあえて書くことで、そんな本音を書いちゃう自分って人と違うでしょ、なんてことを言いたいに違いないと思う。

この本を書くきっかけは、新潮社の編集者の方が声をかけてくれたのが始まりだった。その方は元々、YouTubeチャンネルの視聴者で「密着する渡邊さんの目線で本にしたら面白いと思います」と執筆のオファーをくれた。

もちろん、本なんて人生で一度も書いたことがなかった。だから、自分に書けるのか不安だった。中高時代は数学が得意で国語が苦手だったし、普段から本を読む習慣もなかった。

でも「とりあえずやってみること」が大切だということを、これまでの人生の中で感じていた。もちろん「本書いてください」と言われて悪い気はしなかったし、不安な一方で、なんだかできそうだな、という根拠のない自信がどこかにあった。前述の通り「本を書けるなんてすごい」と思われたい気持ちもあったのだろう。

しかし、書き始めてすぐに後悔した。どう書けばよいか、まったくわからなかった。動画だったら、視覚情報として、「映像」で何が起きたかを伝えることができる。だけど、本はすべて「文字」で表現しなければならない。だからといって、事細かく文字で説明したとしても、それが面白いとは限らない。テレビのAD時代に初めて動画を編集した時のように、自分の無力さを感じた。

ただ、やると言ってしまった手前、途中で逃げ出すこともしたくなかった。普段は本を読まないが、勉強のために売れ筋の小説を数冊買ってみた。すると、本はこんなにも面白いコンテンツなのか、と失礼ながら驚いてしまった。そして、作家さんたちの文章力に感動した。本を書くことがきっかけで、素晴らしいコンテンツと出会えたことに感謝の気持ちを覚えた。

とはいえ、この本を書いている時も、本業であるYouTubeの動画は週2回のペースでアップしなければならなかった。撮影や編集の合間を縫って本を書くのは正直大変だった。そんな中で、当時の記憶を思い出しながら本を書いていると、その時の感情が蘇ってきた。嬉しい気持ちになることもあったが、9割が悔しさや悲しさ、怒りなどのマイナス感情だった。

人の悩みの9割は人間関係だ、と何かの本に書いてあったが、この仕事をしていると、本当にその通りだと感じる。撮影でたくさんの人に関わるが、それが原因で辛いことがたくさん起きた。僕は元々人見知りだし、人と深く関わるのは苦手な方だ。だから、嫌なことや辛いことが重なると、なるべく人と会わずに済むような生き方をしたいなと弱気になることが多い。幸いにも、動画編集というスキルがあれば撮影した素材データをもらって、家に籠ってパソコンを使い編集だけをする、という仕事の方法をとることもできるのだ。そんな人生も良いかもしれない、と時々考える。

しかし、その選択をしていたら、バレエ公演のチケットが完売して嬉しい気持ちになることはなかっただろう。バレエ公演後になんだか言葉にならない感情が込み上げてきて泣くこともなかっただろう。こうして本を書く機会をもらい、新たな学びや気づきを得ることもなかっただろう。

1年間密着してきても、「バレエが好きか」と聞かれたら、胸を張って心の底から「好きです」とは答えられない。「バレエが面白いか」と聞かれたら、胸を張って心の底から

「面白いです」とは答えられない。

でも、少なくとも、この密着撮影を通して関わった髙部先生をはじめとした、バレエに対して真剣に打ち込む「人」は「好き」だし、彼ら彼女らの「思い」を知った上で観るバレエを「面白い」と思っている。だからそんな魅力が動画を通して伝わったら良いなと思っている。


「自己の欲」が99%を占める僕の人生の中で、「誰かのために」という気持ちも1%ぐらいはあることを、この1年間のバレエ団の密着撮影は気づかせてくれた。

動画を通してバレエダンサーたちの魅力が伝わってファンが増えてほしい。YouTubeの動画を見てくれる視聴者に楽しんでほしい。本を手に取ってくれた人に、読んで良かったと思ってほしい。本が売れて、きっかけをくれた担当編集の人に喜んでほしい。

全部ひっくるめて1%しかないのだけど、そんな1%が、今僕が頑張ることができる原動力の99%を占めているように感じる。

だから今回、そんな風に思えるきっかけをくれたバレエ団に感謝の気持ちを込めて、この本の売上の印税分を、谷桃子バレエ団に全額寄付することにした。微々たるものかもしれないが、トウシューズ代などに充ててもらえると嬉しい。

もしかしたら、「良い人だね」と思われたいから、そうしているのかもしれない。でも、もう「自己の欲」だろうが「バレエ団のため」であろうが、そんなことはどっちでも良いような気もしている。


最後になりますが、この本を手に取っていただき、そしてここまで読み進めていただきありがとうございました。

コンテンツが溢れる昨今、わざわざ自分が動画を作る意味があるのだろうか、と今はよく考えます。だって、別になくても困らないのだから。

でも、動画を見て視聴者が何かコメントを残してくれると、「頑張ってまた作ろうかな」とエネルギーが溢れてきます。もちろん喋ったこともないし、顔も見たことがないけど、それが不思議ととんでもないパワーになります。だから、こうして読んでくれる人がいると思えると、書いて良かったなと思います。

もし最後にお願いできるなら、本の感想をSNSなどで発信してくれたら嬉しいです。それが宣伝にも繋がるので(笑)。

もちろん、ポジティブな感想だけでなく、指摘やアドバイスも大歓迎です。

この本はあくまで僕の視点から見た1年間の密着記録です。

そのため、僕には見えていないバレエ団運営内部の苦労や、把握できていない事情も多々あると思いますし、何より僕が気づけていないバレエの魅力がもっとあると思います。

それでも、僕のような「バレエを知らない人」にとってこの本が「新たな気づき」を得るきっかけになれたら幸いです。

本当の本当の最後に、感謝の気持ちを記してこの本を終えたいと思います。何よりすべてのきっかけをくれた髙部先生をはじめとするバレエ団の皆さん。YouTubeを作るきっかけをくれたソンさん、行澤さん。このチャンネルの編集を助けてくれる吉村さん、あまねさん、新田さん。ディレクターとして僕を育ててくれた、上出さん、木下さん、小口さん、下地さん。本を書くきっかけをくれた編集の竹花さん。そして、僕を育ててくれた母。他にも関わってくれたすべての人へ感謝の気持ちを忘れずにこれからも生きたいと思います。ありがとうございました。

本書は書き下ろしです。

渡邊永人（わたなべ・ひさと）

1995年神奈川県生まれ。映像ディレクター。20歳でテレビ番組制作会社に入社後、ディレクターとして『ハイパーハードボイルドグルメリポート』等を担当。現在は『THE ROLAND SHOW』『進撃のノア』等のYouTube動画を手掛ける制作会社に所属。谷桃子バレエ団公式YouTubeの他、小学館の漫画編集部に密着した『ウラ漫 ―漫画の裏側密着―』等を制作している。

谷桃子バレエ団 YouTube

崖《がけ》っぷちの老舗《しにせ》バレエ団《だん》に密着取材《みっちゃくしゅざい》したらヤバかった

発　行　2024年12月20日
2　刷　2025年 4 月30日

著　者　渡邊永人《わたなべひさと》
発行者　佐藤隆信
発行所　株式会社新潮社
〒162-8711 東京都新宿区矢来町71
電話 編集部 03-3266-5611
読者係 03-3266-5111
https://www.shinchosha.co.jp
装　画　ネコポンギポンギ
装　幀　新潮社装幀室
組版・本文デザイン　有限会社マーリンクレイン
印刷所　大日本印刷株式会社
製本所　株式会社大進堂

ISBN978-4-10-355971-9　C0095